August Beck

Geschichte des gothaischen Landes

Band 3: Geschichte der Landstädte, Marktflecken und Dörfer. Teil 1

August Beck

Geschichte des gothaischen Landes
Band 3: Geschichte der Landstädte, Marktflecken und Dörfer. Teil 1

ISBN/EAN: 9783337197438

Hergestellt in Europa, USA, Kanada, Australien, Japan

Cover: Foto ©Andreas Hilbeck / pixelio.de

Weitere Bücher finden Sie auf **www.hansebooks.com**

Geschichte

des gothaischen Landes

von

Dr. August Beck.

Band III.
Geschichte der Landstädte, Marktflecken und Dörfer.

Theil I.
Altenbergen — Mechterstedt.

Gotha,
Verlag von E. F. Thienemann's Hofbuchhandlung.
1875.

Geschichte

der gothaischen

Landstädte, Marktflecken und Dörfer

in alphabetischer Ordnung

von

Dr. August Beck.

Theil I.
Altenbergen — Rechterstedt.

Gotha,
Verlag von E. F. Thienemann's Hofbuchhandlung.
1875.

Vorwort.

Am 7. August 1874 Morgens 3 Uhr erlag Dr. August Emil Alfred Beck, Herzogl. Geheim=Archivrath, Bibliothekar und Vorstand des Münzcabinets, seinen langen und schweren Leiden, ohne daß es ihm vergönnt gewesen wäre, von der Geschichte des gothaischen Landes das Erscheinen des letzten, die Geschichte der Landstädte, Flecken und Dörfer behandelnden Bandes zu erleben, dessen ersten Theil wir hiermit der Oeffentlichkeit übergeben.

Das Werk war nicht nur schriftlich vollendet, sondern auch der Druck bereits ziemlich vorwärts geschritten, als dem Verfasser das wachsende Leiden die Ueberzeugung aufdrängte, daß seine Arbeit gethan sei und er das Weitere in andere Hand legen müsse. So wendete er sich mit der Bitte an mich, die weitere Herausgabe des Werkes, an dem er lange Jahre mit aller Liebe gearbeitet hatte, besorgen zu wollen, einer Bitte, deren Erfüllung mir Freundespflicht war. So ist es gekommen, daß das Vorwort meine Unterschrift trägt.

Da der Verfasser die Handschrift schon der Druckerei übergeben und mir ausdrücklich an das Herz gelegt hatte, keine Aenderungen vornehmen zu wollen, die nicht zur Beseitigung eines Versehens oder zum Behufe eines durch den Eintritt eines wichtigen Ereignisses gebotenen Nachtrags unbedingt nothwendig seien, so mußte ich mich bei der Correctur auf Aenderung und Einschaltung von Kleinigkeiten beschränken. Nur die Bearbeitung der beiden Ortschaften Herbsleben und Klein=Fahner rührt ausschließlich von mir her. Als mir nämlich der Verfasser in dem Winter vor seinem Tode einen Theil seines Manuscripts zur Durchsicht vorgelegt hatte, theilte ich ihm meine Bemerkungen mit, die er theilweise auch noch benutzte. In seiner Geschichte der beiden Orte aber hatte ich soviel zu ändern gefunden, daß ich mir erlaubt hatte, dieselbe neu zu entwerfen; diese Arbeiten ließ dann Beck selbst an die Stelle der seinigen treten.

Wie schon der Verfasser die Absicht hatte, den 3. Band in 2 Theilen erscheinen zu lassen, damit er nicht zu umfangreich und zum Gebrauche zu unbequem würde, so übergeben wir jetzt den 1. Theil der Oeffentlichkeit. Wenn dies etwas später geschieht, als beabsichtigt war, so lag dies nur an Zeitverhältnissen, welche die Druckerei zwangen, Satz und Druck eine Zeitlang zu unterbrechen. Am Schlusse des zweiten Theiles, dessen Druck unverweilt begonnen werden soll, werden die nothwendigen Register zu beiden Theilen sich finden.

Was den Verfasser zu der langjährigen, mühevollen Arbeit vermocht hat, konnte begreiflicherweise Gewinnsucht nicht sein; es war die innige Liebe zu dem engern Vaterlande, in welchem er, 1812 am 28. Januar zu Gotha geboren, eine glückliche Kindheit verlebt, als Jüngling seine Vorbildung gefunden und dem er, nach Vollendung seiner Studien in Halle und längern, zur Erweiterung seiner Sprachkenntnisse nach Frankreich und England unternommenen Reisen, während mehr als eines Menschenalters erst als Lehrer der neueren Sprachen an dem 1836 gegründeten Realgymnasium, dann als Archiv- und Bibliothekbeamter gedient hat, — und das Streben, die Heimathskunde, die nur zu lange in auffallender Weise vernachlässigt worden war, nach Kräften zu fördern.

Möge das Werk die freundliche Aufnahme finden, die der Verfasser gehofft, und den Segen stiften, den er erstrebt hat!

Herbsleben, 23. März 1875.

Dr. Heinr. Zeyß.

Vorbemerkungen.

Am 5. Juli 1869 erschien ein Gesetz über die Justizamts- und Verwaltungsbezirke im Herzogthum Gotha, nach welchem die bestehenden 13 Justizämter und Justizamtsbezirke aufgehoben und folgende 10 Justizamts= (Stadtgerichts=) Bezirke angeordnet wurden:

1) Stadtgerichtsbezirk Gotha, Sitz: Stadt Gotha;
2) Justizamtsbezirk Gotha, Sitz: Stadt Gotha;
3) Justizamtsbezirk Ohrdruf, Sitz: Stadt Ohrdruf;
4) Justizamtsbezirk Tenneberg, Sitz: Schloß Tenneberg;
5) Justizamtsbezirk Tonna, Sitz: Ort Gräfentonna;
6) Justizamtsbezirk Wangenheim, Sitz: Schloß Friedrichswerth;
7) Justizamtsbezirk Liebenstein, Sitz: Ort Liebenstein;
8) Justizamtsbezirk Ichtershausen, Sitz: Ort Ichtershausen;
9) Justizamtsbezirk Zella, Sitz: Stadt Zella;
10) Justizamtsbezirk Thal, Sitz: Ort Thal.

Der Bezirk des Stadtgerichts Gotha umfaßt den Heimathsbezirk der Stadt Gotha; der Bezirk des Justizamts Gotha umfaßt die Heimathsbezirke der Ortschaften:

Aspach, Boilstedt, Bufleben, Cobstedt, Friemar, Gamstedt, Goldbach, Grabsleben, Großrettbach, Günthersleben, Hausen, Hochheim, Molschleben, Pferdingsleben, Pfullendorf, Remstedt, Seebergen, Siebleben, Sundhausen, Teutleben, Trügleben, Tüttleben, Uelleben, Warza und Westhausen;

der Bezirk des Justizamts Ohrdruf die der Ortschaften:

Stadt Ohrdruf, Crawinkel, Dietharz, Emleben mit Wannigsroda, Georgenthal, Gräfenhain, Heerda, Herrenhof, Hohenkirchen, Nauendorf, Petriroda, Schönau v. d. W., Schwabhausen, Schwarzwald, Stutzhaus, Tambach, Tambuchshof, Wechmar, Wipperoda und Wölfis;

der Bezirk des Justizamts Tenneberg die der Ortschaften: Stadt Waltershausen, Stadt Friedrichroda, Altenbergen, Cabarz, Catterfeld, Cumbach, Engelsbach, Ernstroda, Finsterbergen, Fröttstedt, Gospiteroda, Großtabarz, Hörselgau, Ibenhain, Kleinschmalkalden, Kleintabarz, Langenhain, Laucha, Leina, Mechterstedt, Rödichen und Wahlwinkel;

der Bezirk des Justizamts Tonna die der Ortschaften: Aschara, Ballstedt, Bienstedt, Burgtonna, Döllstedt, Eckartsleben, Eschenbergen, Gierstedt, Gräfentonna, Großfahner, Herbsleben, Hohenbergen, Illeben, Kleinfahner, Kleinkeula, Körner, Menteroda, Obermehler, Töttelstedt, Volkenroda, Wiegleben und Werningshausen;

der Bezirk des Justizamts Wangenheim die der Ortschaften: Brüheim, Burla, Craula, Ebenheim, Eberstedt, Ettenhausen, Friedrichswerth, Großenbehringen, Haina, Haftrungsfeld, Metebach, Oesterbehringen, Reichenbach, Sonneborn mit Nordhofen, Tüngeda, Wangenheim, Weingarten und Wolfsbehringen;

der Bezirk des Justizamts Liebenstein die der Ortschaften: Arlesberg, Dörrberg, Elgersburg, Frankenhain, Gera, Gossel, Gräfenroda, Kettmannshausen, Liebenstein, Manebach, Neuroda, Rippersroda und Traßdorf;

der Bezirk des Justizamts Ichtershausen die der Ortschaften: Alt-Dietendorf, Apfelstedt, Bischleben, Bittstedt, Eischleben, Haarhausen, Holzhausen, Ichtershausen, Ingersleben, Kornhochheim, Molsdorf, Neudietendorf, Rehstedt, Rhoda, Stedten, Sülzenbrück und Thörey;

der Bezirk des Justizamts Zella die der Ortschaften: Stadt Zella, Gehlberg, Mehlis und Oberhof;

der Bezirk des Justizamts Thal die der Ortschaften:

Vorbemerkungen.

Deubach, Ebenshausen, Fischbach, Frankenroda, Hallungen, Kälberfeld, Kahlenberg, Lauterbach, Nazza, Neukirchen, Ruhla, Sättelstedt, Schmerbach, Schönau a. d. H., Sondra, Schwarzhausen, Thal und Winterstein.

Bei den Besoldungsanschlägen der Geistlichen, welche im Jahre 1869 von Seiten des Staatsministeriums angefertigt wurden, ist das gothaer Malter Weizen zu 8 Rthaler, Korn zu 6 Rthlr. 12 Ngr., Gerste zu 4 Rthlr. 16 Ngr., Hafer zu 2 Rthlr. 20 Ngr., die Klafter dreischuhiges festes Holz zu 4 Rthlr. 6 Ngr., geringeres zu 2 Rthlr. 20 Ngr., weiches Scheitholz zu 4 Rthlr. 15 Ngr., geringeres zu 3 Rthlr., zweischuhige gute Haustocke zu 1 Rthlr. 24 Ngr. gerechnet worden, ebenso 1 Rthlr. 6 Ngr. für die Klafter zweischuhige tannene geringe Haustocke, 2 Rthlr. für das Schock harte Wellen, 1 Rthlr. 15 Ngr. weiche Wellen, 20 Ngr. Nadelreisig. Die wirklichen Erträge fallen immer höher aus als die Anschläge.

Es gibt 151 Kirchen im gothaischen Lande (ohne die Hofkirche), welche Vermögen besitzen. Das Vermögen aller Kirchen des gothaischen Landes beträgt zusammen

546,528 Rthlr. an Kapitalien,
233,140 „ an Grundstückswerth,
126,918 „ Rentenwerth.

Gelderbzinsen, Kirchstandgelder, Cymbelgelder, Collateralgelder und Gottespfennige (etwa 5000 Rthlr.) sind dabei nicht gerechnet.

Stiftungen für allgemeine kirchliche oder geistliche oder Schul-Zwecke sind:

die herzogliche Mildenkasse mit einem Kapitalvermögen von 74,866 Rthlrn.;

die Landeskirchenkasse mit einem Kapitalvermögen von 14,555 Rthlrn.

In den Orten, bei welchen kein Kirchenpatron besonders genannt ist, ist es der regierende Herzog.

Die Einwohnerzahl des ganzen gothaischen Landes betrug im Jahre 1871: 122,325 Seelen.

Erklärungen: Brückner = Sammlung verschiedener Nachrichten zu einer Beschreibung des Kirchen- und Schulenstaats im Herzogthum Gotha. Gotha 1753. 4⁰.

Galletti = Geschichte und Beschreibung des Herzogthums Gotha. Gotha 1779. 4 Bände.

H. u. St. = Haus- und Staatsarchiv.

Krügelstein = Krügelstein, Nachrichten von der Stadt Ohrdruf. Ohrdruf 1844.

Sagittar = Sagittar, historia Gothana. Jenae 1713. 4⁰.

Tentzel = Supplementa historiae Gothanae. Jenae 1701. 4⁰.

Thur. S. = Thuringia Sacra sive historia monasteriorum, quae olim in Thuringia floruerunt. Francof. 1737. Fol.

Schwarzes oder Rothes Cop. = Schwarzes Copialbuch (1381) oder Rothes im Haus- und Staatsarchive zu Gotha (Abschriften von Urkunden des Klosters Georgenthal).

Rudolphi, D. G. = Rudolphi, Gotha diplomatica. Fol. in 5 Theilen. Frankfurt a. M. und Leipzig 1717.

v. Wangenheim = v. Wangenheim, Regesten. Hannover 1857.

Schultes = Schultes, Directorium diplomaticum oder chronologisch geordnete Auszüge. Altenb. 1821. 2 Bde. 4⁰.

Stark = Abhandlung von Stark in der Zeitschrift des Vereins für thüringische Geschichte, Bd. I.

Jovius = Chronicon Schwarzburgense.

Altenbergen [1],

Aldeberg, Altinberc, Albinberg, eines der ältesten gothaischen Dörfer, so genannt vermuthlich von dem gleichnamigen Berge, an dessen Fuße es liegt, ½ Stunde von Georgenthal, 1½ von Friedrichroda entfernt, in einem von nicht allzu hohen bewaldeten Bergen (dem Ziegelberge, dem Steinbühle und Johannisberge, dem Haine, dem Oelberge und dem Heiligenholze) umgebenen reizenden Thale, von einem kleinen Bache, welcher die im Grunde liegende Engelsbacher Mühle treibt, umflossen. Die Einwohner sind fleißig und nähren sich theils von der Viehzucht, theils von Waldarbeiten.

Hier wurde von Bonifacius oder Winfried, dem Apostel der Deutschen, zum Andenken an die Enthauptung des Täufers Johannes, eine kleine christliche Kirche, die sogenannte Johanniskirche, — wonach auch der Berg, auf welchem sie stand, den Namen Johannisberg erhielt — erbaut, und zwar, wie Rothe in seiner Chronik angibt, im Jahre 722. Die Ansicht, daß sie nach der im Volke fortlebenden Tradition die erste christliche Kirche in Thüringen sei, ist zwar in neuerer Zeit anzufechten versucht worden, aber mir scheinen die Gründe, die man dagegen angeführt hat, durchaus nicht stichhaltig zu sein. Im ersten Bande meiner gothaischen Geschichte (S. 14) habe ich sie, soweit es möglich war, widerlegt. In der Nähe des „Kirchleins" hatte Bonifacius auch noch ein Wohnhaus gebaut, von welchem jedoch jetzt eine Spur nicht mehr aufzufinden ist. Neben dieses Wohnhaus mögen wohl bekehrte Christen noch andere gesetzt haben, wodurch nach und nach das Dorf Altenbergen entstand.

---
[1] Brückner, I, 1, 11. Galletti, III, 220.

Der Ort wird zuerst in der bekannten Schenkungsurkunde Kaiser Conrad's vom Jahre 1039 eine villula silvatica (Walddörfchen) genannt, da, wo die Berge Kalteberg, Cornberg, Aldenberg sind. Ludwig kaufte Aldinberc und Reginheresbrunn von Günther von Kefernburg und Bifo von Gleichen. Schon im Jahre 1141 werden Adelgerishagen, Tenneberg, Accara, Erphesroth (Ernstroda), Howeriden (das hohe Rieth) und Düsterberg (Finsterbergen) als die Dörfer genannt, welche nach Altenbergen eingepfarrt waren[2]. Erzbischof Marcolf zu Mainz bestätigt auf die Bitten des Abtes Ernst zu Reinhardsbrunn der dortigen Kirche den Zehnten von den genannten Dörfern.

Die kleine Kirche war anfänglich nur 18 Fuß lang und 12 Fuß breit; bei der zunehmenden Bevölkerung und der Entfernung der einzelnen Ortschaften wurde sie im Laufe der Zeit zu klein. Sie mußte daher erweitert werden. Dieß geschah zuerst im Jahre 1041, wo sie von Graf Ludwig mit dem Barte von Stein erbaut und vom Erzbischofe Bardo von Mainz im Jahre 1042 eingeweiht wurde[3].

Ludwig der Springer, der erstgeborene Sohn Ludwig's mit dem Barte und der Gründer des Klosters Reinhardsbrunn, wurde darin getauft. Wann die Kirche zum zweiten Male erweitert worden ist, läßt sich nicht nachweisen. Als später im Jahre 1710 bis 1716 am Fuße des Johannisberges eine neue Kirche, die sogen. Immanuelskirche, auf Kosten der drei Gemeinden Altenbergen, Catterfeld und Engelsbach gebaut wurde, ließ man die alte Kirche zwar stehen, erhielt sie aber nicht länger in Bau und Besserung, so daß sie allmählich ganz zerfiel, und im Jahre 1752 drohte sie zusammenzustürzen. Herzog Friedrich III. gestattete deshalb, den Knopf des Thurmes, der nicht mehr bestiegen werden konnte, abzuschießen und Nachgrabungen anzustellen. Beides blieb aber ohne ein Ergebniß von Bedeutung. In dem Thurmknopfe befanden sich einige

---

[2] Thur. S., 87. Krügelstein, Ohrdruf, 17. — [3] Sagittar, Gleichen, 33.

unwesentliche Nachrichten aus der Zeit von 1633 bis 1659, sowie ein Paar Münzen aus derselben Zeit*). Die alte Johanniskirche zerfiel nun immermehr, und im Januar 1770 stürzte das innere Gebäude nebst Dach und Dachstuhl zusammen. Da man beim Aufräumen an der Stelle, wo der Altar gestanden hatte, einen hohlen Klang vernahm, so wurden von neuem Nachgrabungen angestellt, die aber ebenso wenig wie früher Etwas zu Tage förderten. Endlich wurden im Jahre 1805 die Kirche und der Kirchhof mit dem darauf erwachsenen Holze der Gemeinde Altenbergen für 24 Thaler überlassen.

So würde der Ort, wo die erste christliche Kirche in Thüringen viele Jahrhunderte lang gestanden hatte, bald ganz der Vergessenheit anheimgefallen sein, hätte nicht ein armer Holzhauer zu Altenbergen, Nicolaus Brückner, im Jahre 1809 in seinem letzten Willen 20 Mfl. zu dem Zwecke ausgesetzt, an diesem Orte einen Denkstein zu setzen. Durch das Beispiel dieses armen Mannes ermuntert, forderte der Amtmann Langheld von Tenneberg zu weiteren freiwilligen Beiträgen auf, um ein größeres Denkmal beschaffen zu können. Der Erfolg übertraf die Erwartungen. Es gingen zwischen 700 und 800 Thaler ein, und auf den Vorschlag des Herzogs August von Sachsen-Gotha wurde im Jahre 1811 ein gewölbter Leuchter oder Candelaber gewählt, welcher, auf 7 Stufen und 8 Kugeln ruhend, eine von 3 Engelsköpfen gehaltene Feuerpfanne trägt, aus welcher 3 Flammen aufsteigen. Die Ausführung dieses Denkmals wurde von dem Professor Friedrich Wilhelm Döll besorgt. Eingeweiht wurde das Denkmal am 1. September 1811 in Gegenwart der herzoglichen Familie. Der katholische Prälat Placibus Muth, Abt der vermaligen Benedictiner-Abtei auf dem Petersberge bei Erfurt, der reformirte Prediger Dr. Wittich aus Schmalkalden und der Generalsuperintendent Dr. Löffler aus Gotha betheiligten sich an der wahrhaft erhebenden

---

*) Brückner, I, 1, 16. XX, II, 197, und XX, III, 85 im H. und St.

Feier durch begeisternde Reden⁵). — An dieser Winfriedsleuchte feierte am 5. Juni 1855 der gothaische Landesverein der Gustav-Adolf-Stiftung sein Hauptfest zum Andenken an den 1100 Jahre vorher erfolgten Märtyrertod des Apostels der Thüringer, Bonifacius. Auch bei dieser Feier wurden begeisternde Reden gesprochen von dem Generalsuperintendenten Dr. Petersen aus Gotha, dem Oberhofprediger Dr. Dittenberger aus Weimar und dem reformirten Pfarrer Ebert aus Kassel. Ein katholischer Geistlicher fehlte aber dieses Mal⁶).

Vor Alters soll noch eine zweite Kirche hinter der Johanniskirche nach Tambach zu gestanden haben, die dem St. Georg geweiht war, von welcher aber jetzt keine Spur mehr aufzufinden ist; nur der Platz, wo sie stand, eine Wiese, führt noch den Namen St. Georgen oder nach der Aussprache der dortigen Waldbewohner „Sin-Jörgen".

Die Gerichtsbarkeit zu Altenbergen gehörte in der ältesten Zeit den Grafen von Gleichen und Kefernburg, bis die Landgrafen von Thüringen Herren des Landes wurden. Hierauf kam das Dorf mit anderen Orten (Friedrichroda, Rödichen, Cumbach, Finsterbergen, Leina, Ernstroda und Wipperoda) an das Kloster Reinhardsbrunn. Die genannten Orte wurden von da ab die Klosterdörfer genannt.

Um das Jahr 1226 hatte ein Herr von Salza — sein Name wird nirgends genannt — auf dem Altenberge einen sogen. Burgfrieden (Befestigung) angelegt und denselben mit seinen Leuten besetzt. Der Abt von Reinhardsbrunn beschwerte sich anfangs bei dem Herrn von Salza, aber Bitten und zuletzt Drohungen waren umsonst. Deßhalb verklagte ihn der Abt beim Landgrafen Ludwig IV., sobald derselbe aus Italien zurückgekehrt war, und dieser

---

⁵) Allgemeiner Anzeiger der Deutschen, 1809, no. 341. Nationalzeitung der Deutschen, 1811, Nr. 22. 27. Bonifacius, von Löffler. — ⁶) Bericht über die am 5. Juni 1855 am Candelaber und in der Immanuelskirche bei Altenbergen gehaltene Hauptversammlung des gothaischen Landesvereins der G.-A. Stiftung. Gotha 1855.

ließ eines Sonntags in aller Frühe die Burg durch seine Mannen überfallen und niederreißen, die Insassen aber, und unter ihnen den Herrn von Salza, gebunden nach Reinhardsbrunn führen. Einige Diener des gedemüthigten Ritters wurden mit dem Schwerte hingerichtet, der Herr von Salza aber mußte einen Eid leisten, sich an dem Kloster nicht rächen zu wollen, und überdieß demselben einen Freihof zu Langensalza mit allen Einkünften und Zubehöre einräumen¹), welcher später der Reinhardsbrunner Hof genannt wurde.

Die Johanniskirche hatte von Alters her mit den 4 Gemeinden Altenbergen, Finsterbergen, Catterfeld und Engelsbach zusammen ein Kirchspiel gebildet, und so war es noch zur Zeit der Reformation. Durch die letztere fiel Altenbergen an die Herzöge von Sachsen und bei der Begründung des Herzogthums Gotha im Jahre 1640 speziell an Herzog Ernst den Frommen. Die 4 Dörfer kamen unter das Amt Reinhardsbrunn und neuerdings im Jahre 1869 unter das Justizamt Tenneberg im Landrathsamte Waltershausen. Im 17. Jahrhundert hatte Kur-Mainz Ansprüche auf die Dörfer gemacht; doch mußte es in dem Leipziger Recesse vom Jahre 1665 ganz auf seine Ansprüche verzichten²).

Das Pfarrhaus im Dorfe war schon vor der Reformation erbaut, wurde bis zum Jahre 1727 in Bau und Besserung erhalten, und als eine Ausbesserung nicht mehr möglich war, mußte ein neues gebaut werden. Die alte Schule stand am Fuße des Johannisberges, vielleicht an der Stelle, an welcher das von Bonifacius erbaute und bewohnte Haus stand. Das spätere Schulhaus stand im Dorfe selbst. Neuerdings im Jahre 1868 ward eine neue Schule gebaut.

Die Ablösung des Lehngeldes, der Erbzinsen, der Michaelishühner in den 4 Dörfern Altenbergen, Finsterbergen, Catterfeld und

---

¹) Göschel, Chronik der Stadt Langensalza, I, 175. — ²) Brückner, I, 1, 127. Pfefferkorn, Geschichte von Thüringen, 226.

Engelsbach wurde erst im Jahre 1861, und zwar von der Pfarrei gegen 89 Rthlr. — Ngr. 1 Pf., von der Kirche gegen 115 Rthlr. 1 Ngr., bewirkt; im Jahre darauf (1862) wurde auch das Beichtgeld gegen eine Entschädigung von 29 Rthlr. jährlich abgelöst.

Von bedeutenden Bränden, die Altenbergen heimsuchten, ist nur der vom 22. Juli 1853 zu nennen, der einen Theil des Dorfes zerstörte. Die Landesbrandkasse mußte damals 1669 Rthlr. 15 Ngr. zahlen.

Pfarrer seit der Reformation:

Johann Senger 1545.

Sebastian Linda.

M. Friedrich Linda.

Valentin Hornis 1627, vorher Schulcollege zu Weimar.

Christian Gebes 1633, † 1653.

M. Johann Burkard 1653, † 1695.

Philipp Joachim Heybach 1692, † 1694, Substitut.

Johann Heinrich Böhm 1694—1695, kam nach Großenbehringen.

Johann Eckard 1695, † 1708, war Pfarrer zu Großenbehringen.

Johann August Schönau 1709, † 1747.

Johann Daniel Eusebius Thilo 1747, † 1769.

Georg Friedrich Hülsemann 1769—1781, kam als Pfarrer und Adjunctus nach Friedrichroda.

Christian Ludwig Grosch 1781—1797, war Pfarrer zu Liebenstein.

Heinrich Christoph Friedrich Möller 1797—1807.

Johann Friedrich Schneegaß 1808—1819.

Georg Adolf Heinrich Schlöffel 1819—1833.

Johann Christian Benjamin Fritsch 1833, † 1858, vorher Pfarrer zu Cabarz.

K. Gustav Fr. A. Knauer, Pfarrvicar 1858—1865, wurde Pfarrer zu Frienstedt.

Christian Ludwig Theodor Friedrich Zschepsche 1865, vorher Pfarrer in Elgersburg.

Pfarrbesoldung (incl. Catterfeld und Engelsbach): 63 Rthlr. baar, 190 Rthlr. Grundstücksnutzung, 195 Rthlr. Früchte, 70 Rthlr. Holz, 69 Rthlr. Accidenzien, 30 Rthlr. Wohnung.

Kirchenvermögen: 2242 Rthlr., wovon 1126 Rthlr. Rentenwerth.

Seelenzahl 1779: 179; 1816: 227; 1834: 252; 1843: 281; 1852: 294; 1858: 288; 1864: 303; 1869: 331; 1871: 319.

Apfelstedt[9],

Aphelstet, Aphilfte, Aphelfte, Apphelfte, Appelstete, Aphistete, Aplafte, Dorf an dem gleichnamigen Flusse, der in alten Urkunden auch Apfils genannt wird und zwischen Molsdorf und Ingersleben sich in die Gera ergießt, liegt mitten zwischen den Städten Gotha, Erfurt und Arnstadt, von jeder Stadt 3 Stunden entfernt. In den ältesten Zeiten gehörte der Ort den Grafen von Gleichen, von denen er an die Landgrafen von Thüringen kam, die ihn wiederholt an die Stadt Erfurt wiederkäuflich versetzten, aber auch wieder einlösten, zuletzt im Jahre 1483[10]. Im funfzehnten Jahrhunderte gehörte er zu den Dörfern, welche Busso von Vitzthum pfandweise inne hatte. Später kam er unter das Amt Wachsenburg, und jetzt gehört er zum Justizamte Ichtershausen im Landrathsamte Gotha.

Bereits im Jahre 1156 schenkte der Ministerial von Sinderstede dem Kloster Heusdorf eine Hufe in Apfelstedt zur Unterhaltung seiner in demselben aufgenommenen Tochter, und dessen Bruderstochter (fratruelis) Irmengardis noch eine andere Hufe daselbst[11]. Aus einer Bestätigungsbulle Papst Innocenz III. vom Jahre 1215 geht hervor, daß das Kloster Georgenthal schon da-

---

[9] Brückner, II, 3, 35. Galletti, III, 312. — [10] Müller, Annales Saxon., p. 49. — [11] Rein, Thuringia Sacra, II, 116.

mals hier begütert war. Im Jahre 1224 bewirthschaftete Walterus die Güter der Landgräfin Sophia daselbst und tauschte 11¼ Acker davon gegen ebensoviel von den Klostergütern um, weil sie beiden Theilen bequemer lagen ¹²). Abt Hermann von Georgenthal erkaufte im Jahre 1239 von Ludwig von Hausen 1¼ Hufe in Apfelstedt ¹³), und Heinrich der Kürschner zu Erfurt trat dem Abte Berthold und dem Kloster Georgenthal eine Hufe in Apfelstedt ab für 22 Schillinge und einen Rock von Mönchstuch (tunica de panno monachorum). Das geschah im Jahre 1244 ¹⁴). Ulrich von Kobstedt schenkt 1255 dem Kloster Georgenthal 2 Hufen in Apfelstedt als ein Almosen (in elemosina) ¹⁵). Bis dahin hatte Giselbert diese zwei Hufen als ein Erblehen inne gehabt, sollte sie auch ferner brauchen, aber jährlich von einer Hufe eine Mark Silber an das Kloster zahlen; „dafür sollen Bienen gekauft werden, um Meth zu bereiten". Nach dem Tode seiner Gattin Helinburgis sollte auch die zweite Hälfte den gleichen Zins zahlen ¹⁶).

Wegen des Klosterhofes oder sogen. Münchhofs, welchen das Kloster Georgenthal in Apfelstedt besaß, entstand im Jahre 1224 Streit mit dem Pleban des Dorfes. Dieser umzog einen Theil desselben mit einer Mauer und vereinigte ihn mit dem Pfarrhofe. Bertholdus, Propst des Marienstifts zu Erfurt, entschied den Streit dahin, daß der Pleban einen Jahrzins von 18 Denaren dem Kloster geben sollte ¹⁷).

Im Jahre 1291 kaufte das Kloster Georgenthal 2⅔ Hufen in Apfelstedt, Rebstedt und Hochheim für 24 Mark ½ ferto ¹⁸). Als Heinrich von Witzleben auf ein Leben von 2 Hufen in Apfelstedt verzichtet hatte, schenkte Graf Günther von Käfernburg dieselben

---

¹²) Original QQ, I d) 20 im H. u. St. Tentzel, 655. Schultes, 591. Thuringia Sacra, 481. 320. — ¹³) Original QQ, I d) 35 im H. u. St. Thur. S., 521. — ¹⁴) Original QQ, I d) 41 im H. u. St. Thur. S., 522. — ¹⁵) Original QQ, I d) 65 im H. u. St. — ¹⁶) Original QQ, I d) 65. Brückner, II, 1, 22, nota. Rudolphi, II, 521. — ¹⁷) Schwarzes Cop. fol. 27, rothes f. 54. — ¹⁸) Schwarzes Cop. f. 24ᵇ, rothes f. 81.

dem Kloster Georgenthal (1315)¹⁹). Ebenso überläßt derselbe Graf 2 Hufen in Apfelstedt dem Kloster Georgenthal, und Otto von Heilingen, Burgmann von Schwarzburg, verkauft ihm 1½ Hufe und einen Hof daselbst für 8 Mark Freiberger Silber²⁰), ebenso Theodoricus (Dietrich) von Kirchheim 3½ Hufen in Apfelstedt mit den ansehnlichen Zinsen von 8 Pfund 15 Solidi Erfurter oder Arnstädter Währung für 37 Mark Silber²¹). Im folgenden Jahre (1318) gerieth der Provisor des Klosters Georgenthal, Hermann von Lippach, mit der Gemeinde Apfelstedt in Streit über die Benutzung von Weide und Gras innerhalb der Flur des Dorfes. Das Gericht des Landgrafen zu Molschleben entschied zu Gunsten des Klosters²²). Die Streitigkeiten aber begannen von neuem und im Jahre 1343 stritt man über ½ Hufe mit Dietrich und Ludwig von Kobstedt²³), dann 1346 über die Fischerei und die Weiden in Apfelstedt, was durch Schiedsrichter so geschlichtet wurde, daß Niemand im Flusse fischen sollte von der Steinbrücke neben dem Mönchhofe an bis dahin, wo der Mühlgraben abgeleitet ist. Bis auf drei Fuß vom Wasser sollen keine Weiden gehauen werden; jenseit dieser Linie beginnt das Dorfgebiet; doch sollen die Bauern nicht hauen ohne Erlaubniß der Heimbürgen und ohne Anzeige beim Hofmeister des Klosters²⁴).

Der fortwährenden Streitigkeiten müde, beschloß das Kloster endlich, den Mönchhof in Apfelstedt zu veräußern und zu zerschlagen. Graf Günther von Schwarzburg, Herr zu Wachsenburg, leistete auf alle Ansprüche daran Verzicht. Auch der Landgraf Friedrich und seine Mutter Elisabeth gaben ihre Zustimmung zum Zerschlagen und behielten sich nur die Gerichte und Vogteigerechtigkeiten am Hofe vor²⁵). Die Bauern von Apfelstedt übernahmen

---

¹⁹) Schwarzes Cop. f. 24. — ²⁰) Schwarzes Cop. f. 24ᵇ, rothes f. 123. Thur. S., 535, no. 181. — ²¹) Rothes Cop. f. 126. Thur. S., 535, no. 182. — ²²) Schwarzes Cop. f. 28, rothes f. 130. Brückner, II, 3, 90, nota. Thur. S., 536, no. 187. — ²³) Original QQ, I d) 183 im H. u. St. Schwarzes Cop. f. 24ᵇ, rothes f. 187. — ²⁴) Schwarzes Cop. f. 25. — ²⁵) Schwarzes Cop. f. 25ᵇ, rothes f. 198ᵇ. 199. Brückner, II, 3, 41. 42. Jovius, 238.

den Mönchhof gegen einen jährlichen Zins von 15 Broten, 2 großen Käsen, 18 Pfennigen (Denaren) zum Neujahre und 18 Pfennigen, 4 Maltern kleiner Käse, 4 großen Käsen und 40 Broten zu Ostern.

Ein neuer Streit entstand über die Viehweide. Die Käufer der Wiesen und Weiden machten Ansprüche auf die Rechte, welche sonst das Kloster gehabt und geübt hatte, was von den anderen Bauern bestritten wurde. Der Official des Severiklosters zu Erfurt entschied zu Gunsten des Klosters und der Käufer (1349)[26]. Die Streitenden scheinen damit nicht zufrieden gewesen zu sein; denn Thycel zu Witzleben, Vogt zu Wassenburg (Wachsenburg), entschied im Jahre 1350: „die alten Klosterbesitzungen sollten ihre Vorrechte behalten in Betreff auf Viehweide und Fischerei", und Graf Günther von Schwarzburg bestätigte diese Entscheidung[27].

Im Jahre 1346 wird ein Mühlgraben erwähnt, was auf eine Mühle hinweist. In den Jahren 1387 und 1485 wird die Mühle als Besitzthum des Klosters Georgenthal erwähnt[28]. Im Jahre 1400 weigerten sich die Apfelstedter, den sogen. jährlichen Korngulden zu bezahlen. Thycel von Witzleben, Amtmann auf Wachsenburg, entschied zu Gunsten des klagenden Abtes von Georgenthal.

Neue Klagen von Seiten des Georgenthäler Abtes wurden geführt, als die Apfelstedter die dem Kloster im Mühlgraben zustehende Fischerei sich anmaßten. Der Amtmann zu Gotha und Salza, Friedrich von Witzleben, entschied (1485), daß die Gemeinde künftig einen Erbzins von 7½ Schillingen Pfennige zahlen sollte. Zugleich überließ das Kloster die „Mönchmühle" dem Dorfe gegen einen jährlichen Erbzins von 10 Schillingen Pfennige, dagegen sollte das Hirtenhaus hinführo keinen Erbzins zahlen[29]. Eine Mahl- und Oelmühle wurde im Jahre 1521 (8. März) von Mer-

---

[26] Original QQ, I d) 208 im H. u. St. Rothes Cop. f. 203b. Brückner, II, 3, 43. — [27] Original QQ, I d) 209 im H. u. St. Schwarzes Cop. f. 25. 26, rothes f. 203. Brückner, II, 3, 44. Jovius, 238. — [28] Original QQ, I d) 312 im H. u. St. Schwarzes Cop. f. 26b, rothes f. 319b. Sagittar, Gleichen, 134. Brückner, II, 3, 37, nota. — [29] Original QQ, I d) 356 im H. u. St. Schwarzes Cop. f. 28, rothes f. 360. Brückner, II, 3, 37, nota.

ten Kritzmüller an die Gemeinde zu Apfelstedt für 2000 Mfl. verkauft [30]).

In Urkunden des Klosters Jchtershausen (1334) und des Augustinerklosters zu Gotha (1336) wird auch eines Herrn von Apfelstedt Conrad und seines Sohnes Albert gedacht.

Ueber die Flurgrenze entstanden im sechszehnten Jahrhunderte langjährige Streitigkeiten (1559—1621) mit den Einwohnern zu Groß-Rettbach, zu deren Beilegung die weimarischen Herzöge eine besondere Commission, an deren Spitze der Amtsschösser Johann Friedrich Mühlpfort stand, einsetzten [31]). Erst am 26. Juli 1642 wurde dieser Flurstreit gütlich durch einen Receß beigelegt. Zu derselben Zeit entstand mit der Gemeinde Sülzenbrück Streit über die Gerichte, die Huth und die Trift [32]).

Die uralte sogen. Marienkirche mit einem Thurme im niederen Theile des Dorfes wurde, als eine neue Kirche, der heiligen Walpurgis geweiht, erbaut worden war, nach längerer Benutzung verlassen und später als Malz- und Darrhaus benutzt. Ein Neubau der Kirche wurde im Jahre 1669 unternommen. Der Kirchthurm ist schon im Jahre 1396 gebaut worden. Da das Pfarrhaus am 22. August 1574 durch einen Blitz entzündet worden war, wurde ein anderes Haus erkauft und zu diesem Zwecke hergerichtet, welches im Jahre 1727 durch ein neues ersetzt wurde, dessen Kosten 1094 Fl. betrugen, wozu die Kirche zu Apfelstedt, die Gemeinde daselbst und die Gemeinde zu Dietendorf zu gleichen Theilen beitrugen.

In neuester Zeit erhielt Apfelstedt manche Verbesserung. 1833 wurde ein Springbrunnen bei der Kirche angelegt, 1839 eine Kinderbeaufsichtigungsanstalt eingerichtet, 1844 ein Leichenhaus erbaut, 1853 eine neue Mädchenschule zu Stande gebracht, 1842 auf dem Apfelstedter Riethe eine Torfgräberei angelegt, welche eine neue und einträgliche Nahrungsquelle für die dortigen Bewohner

---

[30]) JJ, II, Wachsenburg, 10 im H. u. St. — [31]) IIII, II, Wachsenburg, 28 im H. u. St. — [32]) HH, II, Wachsenburg, 1 im H. u. St.

wurde, 1860 der Apfelstedtfluß in der Flur, 1865 bis 1868 der Waidfluß zwischen Apfelstedt und Mühlberg regulirt.

Als im Jahre 1866 die Zusammenlegung der Grundstücke in der Apfelstedter Flur vollendet war, erhielt die Kirche zu ihrem Antheile: 1) im Oberfelde 15 Acker 11 Q.=R. Ahrtland (der Acker zu 140 Q.=R. gerechnet); 2) im Steinfeld 9 Acker 78 Q.=R. Ahrtland und Wiesen. Hiervon wurden jedoch durch den Bau der Thüringer Eisenbahn 37,4 Q.=R. Ahrtland und 129,2 Q.=R. Wiesen abgeschnitten.

Der Pfarrei gehören: 1) im Steinfelde 40 Acker 25 Q.=R.; 2) im Niederfelde 11 Acker 4 Q.=R.; 3) im Steinfelde 8 Acker 47 Q.=R.; 4) im Oberfelde 15 Acker 39 Q.=R. Unter diesen 76 Acker 35 Q.=R. sind 13 Acker 26 Q.=R. Wiesen. Durch den Bau der Dietendorf=Arnstädter Eisenbahn mußten 55,1 Q.=R. Land und 49,2 Q.=R. Wiesen abgetreten werden.

Der Knabenschule (jetzt Elementarschule) gehören im Niederfelde und Steinfelde 7 Acker 26 Q.=R., worunter 1 Acker 24 Q.=R. Wiesen.

Der Mädchenschule (jetzt Oberschule) gehören im Niederfelde und Steinfelde 14 Acker 14 Q.=R., worunter 2 Acker 83 Q.=R. Wiesen.

Apfelstedt ist oft von Unglücksfällen heimgesucht worden. Schon die häufigen Ueberschwemmungen des gleichnamigen Flusses bringen der Flur großen Schaden, so erst noch im Jahre 1871. Im dreißigjährigen Kriege litt das Dorf ungemein viel von Freund und Feind, so daß im Jahre 1640 nur 94 bewohnte, 113 unbewohnte Häuser vorhanden waren. Nur 485½ Acker waren über Winter bestellt, 693 Acker lagen wüst. Am meisten aber hat der Ort durch die häufigen größeren und kleineren Feuersbrünste auszustehen gehabt. So wurde es im Jahre 1450 von dem Kurfürsten Friedrich von Sachsen in Brand gesteckt (Krügelstein, Ohrdruf, 158). Es verlor in dem großen Brande vom Jahre 1652 die Hälfte seiner Häuser. Am 22. Mai 1709 entstand, von heftigem Winde begünstigt, wieder ein Feuer, durch die Schlüsselbüchse eines Knaben verwahrlost, welches 25 Häuser nebst den dazu gehörigen Scheuern und Ställen in Asche legte. Am 9. April 1838 brannten bei heftigem Westwinde binnen wenigen Stunden 44 Wohnhäuser mit Hintergebäuden und Scheuern nieder. Der Verlust betrug 36,156 Thaler. Aus dem dortigen Kirchenvermögen wurden den armen Abgebrannten 2000 Thaler geschenkt. Die Landesbrandkasse hatte allein 15,294 Thaler auszuzahlen. Ein neuer Brand am 17. December 1840 kostete derselben Kasse 1223 Thaler.

Pfarrer seit der Reformation:

Johann Möller 1525, † 1544.

Eberhard Etthausen 1544—1569.

Johann Thym 1569, † 1597, vorher Schulcollege zu Waltershausen.

M. Johann Alcon oder Alke 1597—1613.

Johann Friedrich Maja oder May 1613, † 1633, vorher Diaconus zu Jena.

Nicolaus Elias Dietz, Substitut 1624—1629, kam nach Tonndorf.

M. Gregorius Rutilius 1633—1643, vorher zu Marolshausen, wurde abgesetzt.

Johann Wilhelm Haase 1643—1651, war Pfarrer zu Westheim und wurde Archidiaconus zu Schleusingen.

Johann Michael Fiedler 1651, † 1704.

Sebastian Adam Behringer 1697—1729, wurde Superintendent zu Ichtershausen und war vorher Feldprediger beim Prinzen Wilhelm, der vor Toulon blieb.

George Pfitzner 1729—1735, war Pfarrer zu Molsdorf und wurde Garnisonprediger zu Gotha.

Tobias Westfeld 1735—1751, war Hospitalprediger zu Gotha und wurde Superintendent zu Ichtershausen.

Johann Elias Fritsch 1751, † 1796, war Pfarrer zu Thörey.

Nicolaus Christian Weiß, Substitut 1784—1797, Pfarrer 1797—1818, † 1827.

Friedrich Ernst Heinrich Kuntz 1818, † 1864.

Johann Carl Christian Kärst 1865, vorher Diaconus zu Tonna.

Pfarrbesoldung: 59 Rthlr. baar, 43 Rthlr. Früchte, 315 Rthlr. Grundstücksnutzungen, 13 Rthlr. Holz, 52 Rthlr. Accidenzien, 30 Rthlr. Wohnung.

Kirchenvermögen: 35,261 Rthlr., wovon 5725 Rthlr Grundstückswerth.

Seelenzahl 1816: 615; 1834: 728; 1843: 783; 1852: 822; 1859: 833; 1869: 891; 1871: 925.

Arlesberg [33]).

Arlsberg, Arolsberg, Adlersberg, auch wohl Stutzhaus genannt, weil das erste Haus, welches hier gestanden hat, eine Jägerwohnung war, die Stutzhaus hieß, ein kleines Dorf am Fuße des Thüringer Waldes, nicht weit von Gera, früher zum Amte Schwarzwald, jetzt zum Justizamt Liebenstein im Bezirke des Landrathsamtes Ohrdruf gehörig, soll so viel wie Adlersberg bedeuten, weil ehedem viele Adler dort sich aufgehalten haben. Die Einwohner nähren sich von Viehzucht (300 Acker gute Wiesen) und Waldarbeiten. Der Gasthof und einige Häuser stehen im Thale, die übrigen liegen bergaufwärts am Fuße des sogen. Zolltafel-Bergs. Im Jahre 1617 bestand der Ort nur aus 6, und als Herzog Ernst der Fromme im Jahre 1640 das Fürstenthum Gotha übernahm, aus 7 Häusern, im Jahre 1840 aber aus 25 Häusern. Eine Schneidemühle liegt links an der Gera, wo ein Bach, die Jöchnitz, Jugnitz oder Jetze genannt, in die Gera fällt. Zur Zeit der Reformation war der Ort in das schwarzburgische Dorf Geschwende eingepfarrt; im Jahre 1643 aber ordnete Herzog Ernst an, daß die Einwohner in die Kirche nach Gera, welches damals den Herren von Witzleben gehörte, gewiesen wurden. Der Pfarrer

---

[33]) Brückner, II, 12, 58.

zu Geschwende hatte für seine Mühwaltung 12 Klaftern Holz aus dem Arlesberger Forste erhalten; diese wurden jetzt (1644) zwischen ihm und dem Pfarrer von Gera, welcher die Arbeit allein hatte, getheilt. Auch die Kinder mußten nach Gera in die Schule gehen. Dieß wurde, da die Einwohnerzahl schnell zunahm, immer lästiger und eine Trennung der Arlesberger Schule von der zu Gera ward schon 1816, dann wieder 1825 in Anregung gebracht; aber es fehlten dazu die nöthigen Mittel und der Plan, eine eigene Schule in Arlesberg zu gründen, mußte deshalb aufgegeben werden [13a]). Erst im Jahre 1835 kam der Plan zur Ausführung und 1852 konnte ein eigenes Schulhaus erbaut werden. In kirchlicher Beziehung ist Arlesberg noch jetzt Filial von Gera. Im Jahre 1862 wurde das Beichtgeld abgeschafft, der Pfarrer erhielt als Entschädigung jährlich 4 Rthlr., und zwar 2 Rthlr. aus der Gemeinde- und 2 Rthlr. aus der Kirchkasse.

Seelenzahl 1816: 125; 1834: 185; 1843: 212; 1852: 241; 1859: 259, 1869: 269; 1871: 339. Die Seelenzahl würde noch bedeutender sein, wenn nicht gerade von Arlesberg viele Einwohner nach Amerika auswanderten. So allein im Jahre 1869 34 Personen. Am 1. August 1822 fand hier ein Brand statt, in Folge dessen 1310 Rthlr. aus der Landesbrandkasse gezahlt wurden.

Aschera [14]),

Ascher, Aschara, Aschra, ein Dorf zum Justizamte Tonna im Landrathsamtsbezirk Gotha gehörig, 3 Stunden von Gotha, 1¼ von Langensalza entfernt. Die Einwohner nähren sich meist vom Ackerbau (Hafer), Pferde- und Schafzucht. Ehedem wurde viel Waid gebaut; auch gab es an einer Anhöhe gegen Norden mehrere Weinberge, die aber keinen guten Ertrag lieferten. Das Dorf ge-

---

[13a]) XX, IV, 11 und 80, XX, XII, 12, vol. 6 im Ministerial-Archiv. —
[14]) Brückner, II, 9, 35. Galletti, IV, 153. Ortschronik im Pfarrarchive.

hört zu den ältesten des gothaischen Landes und wird schon unter Karl dem Großen genannt, wo seiner als Grenzort des gothaischen Dingstuhls gedacht wird ³⁵).

Ein Adelsgeschlecht hat sich nach diesem Orte benannt. Günther von Aschera findet sich in einer Georgenthaler Urkunde vom Jahre 1286; Conrad von Aschera, Rathsherr (consul) in Gotha ³⁶), wird genannt in Georgenthaler Urkunden von 1322, 1323, 1333, 1335 und 1337, in einer Reinhardsbrunner Urkunde von 1333, in zwei Urkunden des Augustinerklosters zu Gotha von 1325 und 1335, auch in einer des Kreuzklosters zu Gotha von 1335. Berthold von Aschera, Bürger von Gotha, verkauft im Jahre 1383 dem Kloster Reinhardsbrunn ein Pfund Pfennige, etliche Gänse- und Hühnerzinsen, welche er auf einem Gute zu Bufleben zu heben hatte ³⁷). Endlich war Ditericus von Aschera im Jahre 1415 advocatiae scriba.

Schon im Jahre 932 vertauschte König Heinrich I. unter anderen Ortschaften auch Aschera gegen andere Besitzungen an den Abt Megingoz zu Hersfeld ³⁸), und im Jahre 1104 bestätigte Erzbischof Ruthard von Mainz dem St. Petrikloster in Erfurt den Besitz der beiden Dörfer Frankenroda und Aschera.

Der Margarethenkirche zu Gotha werden von Heinrich von Teuffenberg und Dornburg im Jahre 1290 ein Malter Korn und ein Malter Gerste auf einigen Gütern in Aschera legirt. Für die Aufnahme ihrer Tochter Helwigis gaben Ludwig und Jutta von Wangenheim 2 Hufen (duos mansos) in Aschera dem Kreuzkloster in Gotha (1299) ³⁹). Otto und Johann von Ernshaußen, welche das Patronatrecht in Aschera besaßen, verkaufen (1367) mehrere Geld- und Getreidezinsen und ebenso Hartung von Erfa (1369) verschiedene Zinsen in Aschera dem Kloster Reinhardsbrunn, und

---

³⁵) Tentzelii Supplem., p. 359. — ³⁶) Sagittar, 380. Thur. S., 225. — ³⁷) Möller, Reinhardsbrunn, 151. — ³⁸) A. Beck, Gothaische Geschichte, I, 33. — ³⁹) Original QQ, I c) M, 15 im H. u. St. Sagittar, 101. v. Wangenheim, Regesten, 50.

zwar so, daß ein Pfennig Zins mit 12 Schillingen, ein Erfurter Malter Korn mit 6 Mark Silber bezahlt wurde ¹⁰).

Von den Herren von Aschera kam der Ort an die Herren von Salza, von diesen (wahrscheinlich im Jahre 1410) an die Herren von Gleichen, dann 1634 in Folge eines Successionsvertrags an Christian Schencken, Freiherrn zu Tautenburg und Frauen-Prießnitz, und nach dessen Tode (1640) an den Grafen von Waldeck, von welchem es durch Kaufvertrag vom Jahre 1677 an Herzog Friedrich I. von Sachsen-Gotha und Altenburg fiel ¹¹).

Unter die speciellen Gerechtigkeiten des Dorfes gehört die des Brauens, welches gegen Entrichtung der üblichen Tranksteuer jedem Einwohner freisteht. In der Nähe des Orts befinden sich zwei Quellen, welche einen Bach bilden, der die am Wege nach Gräfentonna liegende Bachmühle treibt und bei Eckardtsleben mit dem Reiffenheimer Bach sich vereinigt. Unter den Brunnen von Aschera ist der sogen. Weichbrunnen unter dem Dorfe der reinste und wohlschmeckendste.

Von den kirchlichen Verhältnissen Aschera's in alter Zeit ist sehr wenig bekannt. Nur so viel weiß man, daß schon zu Ende des dreizehnten Jahrhunderts ein eigener Pfarrer hier war. In einer Urkunde des Kreuzklosters zu Gotha vom Jahre 1291 wird nämlich B. (vielleicht Bertold) Pfarrer zu Aschera mit unter den Zeugen aufgeführt. In der ältesten Zeit stand über dem Dorfe eine Kapelle, in welcher Vigilien und Seelenmessen gelesen wurden. Der Berg, wo sie stand, heißt noch jetzt der Kirchberg, und im vorigen Jahrhundert konnte man noch die Ueberbleibsel der Kapelle dort erkennen; auf dem Platze wurde eine Linde gepflanzt. Die dem St. Petrus geweihte Kirche, welche gleichfalls noch vor der Reformation gebaut worden war, wurde im Laufe der Zeit so baufällig, daß sie im Jahre 1748 niedergerissen werden mußte. An ihrer Stelle erstand eine neue schöne Kirche, zu deren Bau am

---

¹⁰) Brückner, II, 9, 36 nota. — ¹¹) Sagittar, Gleichen, 462. 476.

28. Mai 1749 der Grundstein gelegt war, und am Feste Mariä Heimsuchung 1750 geschah die Einweihung. Ein reicher Einwohner, Hans Georg Vockerodt, erhielt die Aufsicht über den Bau und 2600 Thaler zur Ausführung desselben. Da aber diese Summe bei weitem nicht zureichte, um die Kosten zu decken, schoß er das Fehlende aus eigenen Mitteln zu. Im Thurm hängen zwei sehr alte Glocken; auf der großen steht:

† Anno Domini MCCCLIIII Octavo Idus Julii Jhesus Maria;

sie wurde im Jahre 1805 umgegossen. Auf der kleineren Glocke, die augenscheinlich noch älter ist, steht:

Me fecit Wolfgerus.

Das Pfarrhaus wurde im Jahre 1701 auferbaut, nachdem das alte durch eine Feuersbrunst zerstört worden war. Die Einkünfte des ersten evangelischen Pfarrers nach der Reformation waren so gering, daß derselbe zu seinem nothwendigen Unterhalte nebenbei das Handwerk eines Tünchers betreiben mußte. Als nun Graf Philipp von Gleichen einst diesen Pfarrer in Gräfentonna als Tüncher arbeiten sah, beschloß er, die Pfarrbesoldung zu verbessern, und bestimmte dazu zu Michaelis jeden Jahres 6 Erfurter Malter Getreidezinsen zu Gräfentonna und Burgtonna (1570).

Von Unglücksfällen blieb Aschera im Laufe der Zeit nicht verschont. Am 13. April 1700 entstand durch die Unvorsichtigkeit einiger Kinder, welche glühende Kohlen aus dem Backhause in einen Schweinestall getragen hatten, eine große Feuersbrunst, durch welche außer 9 Häusern das Gemeinde-Backhaus, die Schenke und die Pfarrwohnung niedergebrannt wurden; bei derselben verbrannten auch die vorhanden gewesenen Kirchenbücher des Orts. Eine zweite noch größere Feuersbrunst (25. Februar 1761) zerstörte 19 Wohnhäuser mit sämmtlichen Nebengebäuden; auch die Schulwohnung konnte nicht gerettet werden. Der Schaden ward auf 12,658 Fl. veranschlagt, und zu Gunsten der Abgebrannten wurde eine Hauscollecte in der Stadt Gotha und den Aemtern Ichtershausen,

Tonna und Volkenroda veranstaltet¹²). Die meisten dieser Häuser wurden nicht wieder aufgebaut und deren Stätten wurden als Gärten benutzt, bis 1839 mehrere neue Häuser auf diesen Brandstätten errichtet worden sind. Der größte Brand, den Aschera erlitt, fand am 16. Februar 1819 statt, wo ein schnell um sich greifendes Feuer 26 Wohnhäuser nebst den Wirthschaftsgebäuden, unter ihnen auch die Pfarrwohnung und die Schenke, in Asche legte. — Ein starkes Gewitter brachte am 30. Juli 1757 der Flur von Aschera großen Schaden. Es verhagelten damals 184 Acker Weizen, 623 Acker Korn, 326 Acker Gerste, 701 Acker Hafer, nicht gerechnet die Erbsen, Linsen, Wicken, der Flachs und andere Früchte. Die Gemeinde erhielt deshalb einen Steuererlaß von 606 Fl. Das genannte Jahr war auch noch in anderer Beziehung ein unglückliches für den Ort; denn im October zog die französische Armee durch Aschera plündernd und verwüstend. Der dadurch angerichtete Schaden wurde auf 2793 Fl. veranschlagt. Weitere Brände kamen vor am 10. März 1850, nach welchem die Brandassecurationskasse 1435 Rthlr., und am 20. December 1854, wo dieselbe Kasse 4714 Rthlr. für Schäden bezahlen mußte.

Die Hand- und Spannfrohnen, welche die Gemeinde auf dem Kammergute zu Tonna zu leisten hatte, löste dieselbe im Jahre 1812 mit 2896 Thalern ab, das Kapital ist durch alljährliche Abzahlung abgetragen worden. Die Ablösung der an den Staat zu entrichtenden Erb- und Fruchtzinsen sowie der Lehngelder wurde 1857 mit einer Summe von 8220 Rthlrn. bewirkt.

In neuester Zeit (1862) wurden die Kirchlehen und Erbzinsen mit 194 Rthlrn. 29 Ngr. 3 Pf., die Pfarrlehen und Erbzinsen mit 342 Rthlrn. 28 Ngr. 9 Pf. abgelöst. Für wegfällig gewordene Lehngebühren, wie Ab- und Zuschreibegebühren in den Lehnbüchern, für Consens, Purification, Cassation und dergl. erhält der Pfarrer 4 Thaler jährlich aus der Kirchkasse. Die Gerechtsame, welche mit

---

¹²) XX, II, 133 im H. u. St.

dem Pfarrgute verknüpft waren, wurden von der Gemeinde mit 775 Rthlrn. abgelöst im Jahre 1866. Auch das Feldinventarium ward von den Pachtern des Pfarrlandes mit 48 Rthlrn. und das Stroh- und Futterinventarium der Pfarrei vom Pfarrer Lotze mit 80 Rthlrn. abgelöst. Sämmtliche Ablösungskapitalien kamen zur Kirchkasse und werden dem jedesmaligen Pfarrer mit 4% verzinst.

Ueber die Koppelweide auf dem Tonnaischen Berge entstand Streit, aber nach zweijährigem Processe mußte die Gemeinde für deren Ablösung 350 Rthlr. zahlen (1866). In demselben Jahre wurde die Zusammenlegung der Grundstücke in der Flur von Aschera vollendet. Für die Abtretung des erforderlichen Grundes und Bodens zu der Eisenbahn, welche von Gotha nach Langensalza durch die Dorfflur führt, wurden 10,200 Rthlr. bezahlt. Endlich verdient noch bemerkt zu werden, daß eine neu erbaute Schule am 24. Juli 1864, ein neuer Friedhof am 4. August 1868 eingeweiht wurde. Eine neue Kirchstuhlordnung ward 1871 eingeführt.

Die Windmühle auf der Anhöhe nach Eckardtsleben zu ist im Jahre 1848 erbaut.

Pfarrer seit der Reformation:

Johann Glaß seit 1583, vorher Schuldiener zu Wandersleben und Ingersleben.

Johann Ludwig bis 1636.

Martin Lether 1636—1645, kam nach Obermehler.

Balthasar Glaß 1645, † 1666.

Johann Caspar Poler 1666, † 1709.

Johann Friedrich Reichardt 1706, † 1739.

Johann Andreas Weber 1740—1742, wurde Garnisonprediger in Gotha.

Johann Leonhard Herr 1742—1746, vorher Pfarrer zu Unterleimleiter, wurde Stiftsprediger in Gotha.

Johann Georg Schneidewein 1746, † 1748, vorher Pfarrer zu Volkenroda.

Johann Christian Härter 1748—1751, kam nach Burgtonna.

Johann Heinrich Schwenkenbecher 1751, † 1758, vorher Collaberator zu Blankenhain.

Georg Jacob Füldner 1759, † 1791, vorher Diaconus zu Tonna.

Johann August Gräfe 1791—1812.

Johann Heinrich John 1812, † 1838.

Gustav Lotze 1839, † 1868.

Otto Hocker 1870, vorher in Menteroda.

Pfarrbesoldung: 67 Rthlr. baar, 232 Rthlr. Früchte, 184 Rthlr. Grundstücksertrag, 29 Rthlr. Accidenzien, 30 Rthlr. Wohnung.

Kirchenvermögen: 3571 Rthlr., wovon 1100 Rthlr. Grundstückswerth.

Seelenzahl 1816: 286; 1834: 316; 1843: 318; 1852: 343; 1858: 382; 1867: 408; 1871: 394.

Aspach [*]),

Aßbach, Aspech, Aspeche, Dorf, 1¼ Stunde westlich von Gotha, an der Landstraße nach Eisenach zu, zum Justizamte Gotha im Landrathsamte Gotha gehörend, hat seinen Namen jedenfalls von dem neben dem Orte fließenden Bache, die Asse genannt. Die Einwohner nähren sich vom Ackerbau und betrieben früher auch Hopfenbau, der aber jetzt ganz eingegangen ist. Für die Viehzucht ist der Ort wenig geeignet, da nur wenig Wiesen vorhanden sind und die Trift am Abtsberge schlecht ist. Schon im Jahre 932 wird Aspach unter den Orten genannt, welche König Heinrich an den Abt Megingoz zu Hersfeld gegen andere Besitzungen vertauschte [**]).

Die ältesten Besitzer des Gutes in Aspach, die man kennt, sind die Herren von Aspach gewesen. In einer Reinhardsbrunner Urkunde vom Jahre 1223 wird Conrad von Aspach genannt. Hein-

---

[*]) Brückner, II, 8, 30. Galletti, III, 97. Ortschronik im Pfarrarchive. — [**]) A. Beck, Gothaische Geschichte, I, 33.

rich und Günther von Salza schenken im Jahre 1320 dem Kreuzkloster 4 Hufen in Aspach, Uelleben und Sundhausen⁴⁵). Dieselben von Salza verkaufen an Heinemannus Abt 4 Hufen in
Aspach, welche dieser dem Kreuzkloster überläßt (1323)⁴⁶). Ferner
schenken Hermann und Heidenreich von Bischofsroda dem Kreuzkloster (1323) das Aspacher Holz, 60 Acker, bei Metebach gelegen⁴⁷).
Dieses Gehölz überläßt das Kreuzkloster später (1370) dem Har-
tung von Erfa für jährlich 12½ Schillinge und einen Zins an
Gänsen und Hühnern zu Trügleben und Goldbach⁴⁸). Einen
Siedelhof in Aspach erwarb das Kreuzkloster bald darauf (1380)⁴⁹).
Weiter verkaufen die Gebrüder Rudolf und Tyle von Beringen
dem Stifte einen Jahrzins von 2 Mark löthigen Silbers auf 2
Fuldaer Hufen und einem Hofe in Aspach (1359 am St. Jacobs-
tage)⁵⁰). Unter den Vormündern (tutores) des Kreuzklosters zu
Gotha wird 1338 Heinrich von Aspach aufgeführt, und Tele (Tyle)
Marschalz in Aspach verkauft 1402 mehrere Güter an das Augustinerkloster zu Gotha für 100 Mark Silber⁵¹). In zwei Urkunden des Stifts zu Gotha von 1366 und 1368, ebenso in einer
des Augustinerklosters zu Gotha vom Jahre 1376 wird Johannes
von Aspach als Zeuge genannt. Derselbe Johannes verfaßte als
Notar eine Urkunde des Kreuzklosters zu Gotha vom Jahre 1368,
wie auch eine Reinhardsbrunner Urkunde vom Jahre 1378. Die
Brüder Günther und Götze von Aspach kommen in einer Urkunde
des Augustinerklosters zu Gotha vom Jahre 1409, desgleichen in
einer des Stiftes zu Gotha vom Jahre 1414 vor; sie verkaufen
einige Zinsen zu Molschleben; Tyle von Aspach endlich kommt vor
in einer Urkunde des Augustinerklosters zu Gotha vom Jahre 1450.
Die Herren von Aspach kauften sich später in Emleben an: unter

⁴⁵) Original im Rathsarchive zu Gotha, no. 12. 13. — ⁴⁶) Copialbuch
f. 31 im H. u. St. Sagittar, 125. — ⁴⁷) Copialbuch f. 37 im H. u. St.
Sagittar, 121. — ⁴⁸) QQ, I c) O, 27 im H. u. St. — ⁴⁹) QQ, I c) O, 37
im H. u. St. — ⁵⁰) Tentzel, II, 158. 181. — ⁵¹) A. Beck, Gothaische Geschichte, II, 279.

den Edelleuten, welche von den Grafen zu Gleichen belehnt wurden, nennt Sagittar [32]) auch Bastian von Aspach zu Emleben. Zu Ende des siebenzehnten Jahrhunderts starb mit Christoph Ernst das Geschlecht der Herren von Aspach aus. Das Gut kam an die Herren Gebrüder Philipp und Sylvester von Tangel, die es an Felix von Erfa käuflich überließen, von dessen Erben es hinwiederum im Jahre 1676 an die Herren von Wangenheim zu Sonneborn verkauft wurde. Aber auch diese behielten es nicht lange, sondern überließen es um den Preis von 10,000 Mfl. an einige Einwohner von Aspach mit allen Freiheiten und Gerechtsamen; nur die Jagd erhielt der Herzog Friedrich I. Das Gut bestand aus 510½ Acker Land und Wiesen, etwa 50 bis 60 Acker Holz und hatte die Gerechtigkeit, 400 Stück Schafe zu halten. Zu dem Gute gehörten mehrere Häuser hier und in Sonneborn, die dahin lehnbar waren und es noch sind. Die Gutsgebäude wurden von den Käufern niedergerissen und in Gärten verwandelt, die sie unter sich theilten und die unter dem Namen „der Edelhof" bekannt sind.

Das Dorf besitzt mehrere Brunnen. Von Unglücksfällen ist derselbe ziemlich verschont geblieben; nur im Jahre 1751 (25. Febr.) brach eine Feuersbrunst aus, welche 8 Häuser und 9 Scheuern vernichtete; der Schaden betrug 3969 Fl. und es wurde zu Gunsten der Abgebrannten eine Collecte in den Städten Gotha, Waltershausen und Ohrdruf veranstaltet [33]). Auch brachte der Durchmarsch der französischen Truppen im siebenjährigen Kriege und später unter Napoleon I. den Einwohnern großen Schaden. Im dreißigjährigen Kriege hatten die Bauern von Aspach in einem großen Gewölbe mit eiserner Thüre Schutz vor den durchziehenden Soldaten gefunden und ein mehrere Acker großes Feld war so dicht mit Dorngebüsch umwachsen, daß man nur auf dem Bauche kriechend hineingelangen konnte, so daß das dorthin Gerettete sicher war. Das

---

[32]) Gleichen, p. 20. — [33]) XX, II, 174 im H. u. St.

Feld heißt noch jetzt der „Schutzdorn"³⁴). Demungeachtet weist ein Verzeichniß vom Jahre 1638 nach, daß Aspach damals von 60 Einwohnern 40, von 60 Wohnhäusern 20, von 24 Pferden 22 verlor und von 60 Kühen und Rindvieh nur 1 Kuh, von 100 Schafen nicht ein einziges behielt³⁵).

In alten Zeiten befand sich hier auch ein „Carthäuser Hof", welcher zum Carthäuser Kloster in Eisenach gehörte. Er soll auf dem Platze gestanden haben, wo jetzt die Pfarrwohnung ist. Derselbe wurde im Jahre 1535 (Sonntag nach Nativitatis Mariae) an Peter Rathen für 50 Mfl. verkauft und besaß 4 Hufen Landes in Aspacher Flur — die Länderei führt noch jetzt den Namen Carthaus-Land. Die Abgaben von diesem Lande, nämlich ein Malter Weizen, ein Malter Korn, ein Malter Gerste und ein Malter Hafer Erfurtisch Gemäß, gehören jetzt zur Besoldung der Pfarrei³⁶).

Die alte Kirche, welche dem heiligen Ulrich (Udalricus) geweiht und im Jahre 1417 erbaut, später aber, im Jahre 1614, erweitert worden war, besteht nicht mehr. Im Jahre 1867 wurde der Bau einer neuen Kirche beschlossen und am 29. Mai 1870 der Grundstein dazu gelegt, am 3. December 1871 aber feierlich eingeweiht. Im Thurme hängen drei Glocken, auf der größeren stand:

> En ego campana, nunquam pronuncio vana,
> Laudo Deum verum, plebem voco, congrego clerum.

Gottes Wort bleibt ewig. Hermann Königk von Erfurt goß mich. Gott allein die Ehre. 1598. Im Jahre 1844 wurden alle drei Glocken mit einem Kostenaufwande von 309 Thalern umgegossen. Auf der großen steht:

> O, betet den Erlöser an,
> Erwägt, was er für uns gethan,
> Und ehret ihn durch Frömmigkeit,
> Damit ihr seiner würdig seid.

---

³⁴) A. Beck, Ernst d. Fr. I, 148. — ³⁵) Daselbst I, 123. — ³⁶) Brückner, II, 8, 37.

Auf der mittleren steht:
> Eine veste Burg ist unser Gott
> Und mehr als Wehr' und Waffe,

auf der kleineren:
> Ich bin bestimmt an diesem Ort,
> Um zu rufen zu Gotteswort.

Das Pfarrhaus am Kirchhofe wurde im Jahre 1687, das Schulhaus, welches auf dem Kirchhofe steht, im Jahre 1712 neu auferbaut.

Zwischen den Gemeinden Aspach und Metebach bestanden seit Jahrhunderten Grenz- und Triftirrungen, die erst im Jahre 1812 durch die Bemühungen des Amtes Tenneberg gütlich beigelegt wurden[31]. Die große Koppelleite zwischen Aspach, Fröttstedt und Hörselgau wurde im Jahre 1845 unter die drei Gemeinden getheilt[32]. In den Jahren 1865 bis 1867 fand die Zusammenlegung der Grundstücke in Aspacher Flur statt.

Pfarrer seit der Reformation:

Lorenz Pregel (heißt noch 1526 „Erz-Priester").

Hermannus bis 1543.

Johann Bischoff 1543, † 1563, vorher zu Oesterbehringen.

Johann Dunkel, † 1595.

Johann Daniel 1595, † 1626, vorher zu Langenhain.

Heinrich Ritter 1626, † 1637, vorher zu Laucha.

Valentin Hornis 1637—1639, vorher Substitut zu Altenbergen.

Conrad Euder 1639, † 1645.

Christoph Oßwald 1646, † 1654

Bartholomäus Spittel 1654, † 1675.

Stephan Brand 1675—1679, kam nach Mehlis.

Johann Carl Waitz 1679, † 1680.

Jeremias Freytag 1680—1693, kam nach Hörselgau.

Georg Hermann Giebler 1694—1698, abgesetzt.

---

[31] Landrathsamt Gotha, Loc. 41, no. 10. — [32] Landrathsamt Gotha, Loc. 41, no. 35.

Wolfgang Christoph Grahe 1698, † 1738, vorher zu Menteroda.

Johann Christian Grahe 1738, † 1751, vorher zu Thal.

Johann Augustin Ritter 1752, † 1804.

Christian Friedrich Gießler 1805, † 1857.

Wilhelm Herrmann 1857, vorher Hofdiaconus zu Gotha.

Pfarrbesoldung: 49 Rthlr. baar, 249 Rthlr. Früchte, 83 Rthlr. Grundstücksnutzung, 33 Rthlr. Wiesen und Gärten, 37 Rthlr. Holz, 18 Rthlr. Accidenzien, 30 Rthlr. Wohnung.

Kirchenvermögen: 1247 Rthlr., wovon 400 Rthlr. Rentenwerth.

Seelenzahl 1816: 217; 1834: 266; 1843: 254; 1858: 266; 1869: 261; 1871: 305.

Ballstedt [59]),

Baldestete, Baldinstete, Baldenstet, ein sogenanntes Canzleidorf [60]), an dem Bache Selle gelegen, etwa zwei Stunden nördlich von Gotha und zwei Stunden von Langensalza, gehört zum Justizamte Tonna im Landrathsamte Gotha. Es ist umgeben von den Dörfern Eschenbergen, Aschera, Westhausen, Hausen, Bufleben, Pfullendorf und Burgtonna. Die Einwohner nähren sich hauptsächlich vom Ackerbau und von der Schafzucht. Wald und Hopfen wurden ehedem viel gebaut. Das sogenannte Ballstedter Wasser entspringt im oberen Theile des Dorfes, die Pfaffenhöhe genannt, und in dem Breitenbrunnen. Nachdem es einige Mühlen getrieben hat, fließt es nach Burgtonna. Der Ausdruck „Pfaffenhöhe" soll auf ein hier gestandenes Kloster hindeuten, von welchem sich aber keine Nachricht erhalten hat.

---

[59]) Brückner, II, 12, 4. Galletti, III, 6. Ortschronik im Pfarrarchive. — [60]) Die Canzleidörfer waren schriftsässig, von Frohnen befreit, hatten ihre eigene Pflege und waren dem Herzoge unmittelbar untergeben. Außer Ballstedt gehörten zu diesen Dörfern Friemar, Eschenbergen und Hausen. Diese Canzlei- und Schriftsässigkeit war am 4. Juni 1589 und dann wieder im Jahre 1656 von Herzog Ernst dem Frommen erneuert worden.

Die Ballstedter Flur umfaßt 5223 Acker, davon sind 94 Hufen steuerbares Land, 2 Hufen Kirchenland, 3¼ Hufen Pfarrland, 1⅞ Hufen zum Cantorate, ⅛ Hufe zum Organistenamte, 16½ Hufen zum großen Gute, 4 Hufen zum kleinen Gute gehörig, 5 Hufen Gemeindeland, 14⅞ Hufen Ackerfeld und 1⅛ Hufe einzelne Aecker. Das Gehölz enthält 625½ Acker, wovon 40 Acker der Pfarrei gehören. Die Zusammenlegung der Flur wurde im Jahre 1871 vollendet.

Im Mittelalter nannte sich ein adeliges Geschlecht nach diesem Orte, wenn nicht nach einem gleichnamigen Dorfe, welches im Weimarischen liegt. Schon in den Jahren 1169 und 1208 werden in einer Mainzer Urkunde Ulrich von Ballstedt und seine Mutter Agatha genannt[61]). Unter den Dienstmannen Landgraf Ludwig's IV. wird in einer Reinhardsbrunner Urkunde vom Jahre 1227 Hermann von Ballstedt genannt. Im Jahre 1248 fielen nach Heinrich Raspe's Tode Ritter Heinrich von Ballstedt und sein Bruder Hermann aus dem Schlosse Hermannstein bei Reinhardsbrunn in ein Gut des genannten Klosters ein und raubten alles Vieh und Hausgeräthe. Deshalb belagerte Markgraf Heinrich der Erlauchte von Meißen bald darauf den Ritter Heinrich in seinem Schlosse zu Hausen[62]), nahm ihn mit 24 seiner Mannen gefangen und zerstörte das Schloß. Zur Entschädigung des Klosters mußte Ritter Heinrich von der bei Ballstedt gelegenen Siboldismühle jährlich 4 gothaische Malter Getreide zu entrichten versprechen. Später, im Jahre 1542, erneuerte ein Enkel, gleichfalls ein Heinrich von Ballstedt, diese Zusicherung dem Kloster Reinhardsbrunn, weil einige Jahre lang die Abgabe nicht entrichtet worden war. Durch Vermittelung der beiden Burgmänner Günther von Siebleben und Dietrich von Uelleben kam ein Vergleich zu Stande, durch welchen die rückständigen Zinsen zwar erlassen wurden, der jedesmalige Be-

---

[61]) Gudeni Cod. diplom., I, 249. — [62]) Schannat, Vindemiae litter. coll. I, 101.

sitzer der Mühle aber verpflichtet sein sollte, alljährlich am Johannistage die 4 Malter Getreide zu entrichten. Mechtild, die Gemahlin Heinrich's, gerieth nach ihres Gemahles Tode in Schulden und war genöthigt, mit ihren 5 Söhnen Theodor, Günther, Kunemund, Heinrich und Johann und ihren 3 Töchtern Sophie, Barbara und Berchta die Siboldismühle dem Kloster zu verkaufen (1346). Dafür erhielt sie 5 Mark löthigen Silbers und 4 Erfurtische Malter Roggen. Hermann von Ballstedt, Heinrich's Bruder und Mechtildens Schwager, gab seine Einwilligung zu diesem Verkaufe, und sein Vetter (patruelis) Hermann von Ballstedt, genannt von Behringen, stellte einen besonderen Bewilligungsbrief darüber aus (1346). Die Söhne Hermann's, Albrecht, Hermann und Beringer von Ballstedt, verschrieben im Jahre 1348 dem Augustinerkloster zu Gotha 2 Höfe, vor dem Siebleber Thore zu Gotha gelegen, zum Seelenheile ihres Vaters. Merkwürdig ist eine Urkunde vom Jahre 1354, nach welcher Heinrich von Ballstedt (wahrscheinlich ein Sohn Mechtildens) dem Kloster Reinhardsbrunn die 4 Malter Jahrzins von der Siboldismühle aufs neue zusichert. Kann das Jahr richtig sein, da die Mühle schon 1346 dem Kloster verkauft wurde? ⁶³)

Ein Heinrich von Ballstedt wird weiter genannt unter den Gothaischen Schöppen im Jahre 1252. Als Zeugen kommen die beiden Brüder Hermann und Heinrich in einer Georgenthaler Urkunde vom Jahre 1275 vor. Hermann und seine Söhne Otto und Hermann (drei Brüder gleiches Namens) und seine Töchter Elisabeth und Adelheid überlassen nach einer Georgenthaler Urkunde vom Jahre 1288 dem genannten Kloster eine Hufe Land zu Bufleben. Ebenso verkaufen die Gebrüder Otto und Hermann, sowie auch Hugo von Ballstedt dem Kloster Georgenthal im Jahre 1305 das Schloß Falkenstein bei Dietharz ⁶⁴). Ritter Otto von Ballstedt überließ freiwillig im Jahre 1317 dem Kloster Rein-

⁶³) Galletti, III, 9. — ⁶⁴) Thur. S., 120.

hardsbrunn eine Hufe Land, welche ehedem Frau von Scherbeck aus Eisenach besessen und auf welche er Anspruch gemacht hatte. Weiter werden in einer Georgenthäler Urkunde vom Jahre 1333 Hugo, Heinrich und Hermann als die Söhne Hermann's des Jüngeren angeführt; ferner in einer Urkunde des Augustinerklosters zu Gotha vom Jahre 1348 Albrecht, der fordert, fleißig zu beten für den Vater Hermann, für die Brüder und den Geber selbst. Ferner übereignet Heinrich von Ballstedt (1365) demselben Kloster eine Wiese bei Westhausen, auf welcher ein Erbzins von 2 Schillingen lag; desgleichen überlassen die Brüder Heinrich und Hans diesem Kloster eine Wiese von 4¼ Acker in Westhausen gegen einen Jahrzins von 2 Schillingen. Bei einer Streitigkeit des Augustinerklosters zu Gotha mit Gebhard von Teutleben (Tuteleuben) wird Fritzsche (Fritz) von Baldestett mit unter den Richtern genannt (1415) [65]), ebenso 1426 bei einem Streite zwischen den Grafen Adolf und Ernst dem Aelteren von Gleichen [66]). Endlich wird Kersten von Baldistet in einer Ichtershäuser Urkunde vom Jahre 1442 als Zeuge mit aufgeführt.

Außer den Herren von Ballstedt waren auch die Herren von Fahner und die von Scharfenstein in Ballstedt ansässig. Heinrich von Fahner verkaufte (1390) dem Kloster Reinhardsbrunn eine Mühle (molstat) zu Ballstedt nebst 5 Schillingen Geld, 1 Gans und 2 Hühnern Jahrzins für 3¼ Pfund Pfennige. Albrecht von Scharfenstein wohnte 1496 und 1516 zu Ballstedt und Joachim von Scharfenstein war 1538 Gerichtsherr daselbst [67]).

Lange nachdem das Kloster Reinhardsbrunn in Ballstedt sich Besitzungen erworben hatte, faßten auch das heilige Kreuzkloster zu Gotha und das Kloster Georgenthal hier festen Fuß. Heinrich und Hans von Ballstedt verschreiben (1378) 6 Malter Korn jährlichen Zins auf 1 Hufe zu Baldstedt dem heiligen Kreuzkloster zu Gotha [68]). Erst im Jahre 1428 legirten Landgraf Friedrich und seine Ge-

[65]) Möller, Augustinerkloster. — [66]) Sagittar, Gleichen, 188. — [67]) Brückner, I, 9, 11. — [68]) QQ, I c) A, 7 im H. u. St.

mahlin Anna dem Kloster Georgenthal 6 löthige Mark Silber von ihrer Jahresrente, und zwar 4 Mark zu Ballstedt, sofort zu beziehen; 2 Mark aber von der Stadt Gotha waren an Grete von Seebach vergabt, nach deren Tode sie dem Kloster zugesichert wurden. Dafür sollen zweimal des Jahres Vigilien mit Messen gehalten werden [69]).

Die Ballstedter Kirche ist dem Apostel Petrus geweiht und ging im Jahre 1497 aus einer Kapelle hervor, wie die Mönchsschrift an der südlichen Kirchenmauer angibt:

    Anno Dni | M CCCCXCVII | in die tr. [tertio] mr. [martii] | inovata eccle.

Einen Neubau erfuhr diese Peterskirche im Jahre 1696, wie aus einem viereckigen Täfelchen an der Emporkirche zu ersehen ist:

    Im Jahr Christi 1696 Ist Gott zu Ehren das inwendige dieser Kirche renovirt oder wieder neu ausgebauet worden, und zwar als Kirchen, Schulen und Gemeinde verstunden M. Heinrich Benjamin Kritzmann Weissenseensis, Pfarrer; Johannes Klein, Cantor; Johann Balthasar Oschmann, Organist; Elias Hey, Schultheiß, und Justinus Keil, Heimbürger und Bauverwalter.

    Nun Herr hebe an zu segnen dis Haus, daß es ewiglich sey für Dir; denn was Du Herr segnest, das ist gesegnet ewiglich. 1 Chron. 18, 27.

Zu derselben Zeit erhielt die Kirche auch ein Orgelwerk. Auf dem Thurm, welcher an die Kirche angebaut ist und 1821 eine größere Reparatur erlitt, hängen 3 Glocken; die mittlere ist im Jahre 1377, die große 1673, die kleine 1578 gegossen worden; sie wurden in den Jahren 1836 und wiederum 1851 umgegossen. Die Thurmuhr ist 1855 angeschafft worden. Die Orgel wurde 1836 für 850 Rthlr. gekauft. Die Kirche besitzt 2 Hufen Land und ein Kapitalvermögen von 967 Rthlrn. 26 Ngr. 3 Pf. außer den Legatkapitalien im Betrage von 210 Rthlrn. 17 Ngr. Von dem Kirchen-

---

  [69]) Schwarzes Copialb. f. 31b. 32. 32b.

lande sind 3 Acker über dem Rödiger Holze mit Birken, Sahl=
weiden, Hasel und Tannen bepflanzt. Das Patronatrecht der Kirche
wurde von der Landgräfin Elisabeth und ihrem Sohne Friedrich
den Canonikern an der Marienkirche in Gotha übertragen (Gotha,
1345 in die undecim millium virginum und 1348 in crastino
Sancti Dionysii) [10]). Die Canoniker vertauschten es aber im Jahre
1356 gegen das Patronatrecht der Marienkirche. Erst in neuerer
Zeit wurde der Klingelbeutel (1832), sowie das Beichtgeld (1841)
gegen eine Entschädigung aus der Gemeindekasse abgeschafft.

Die Pfarrwohnung wurde im Jahre 1711 neu gebaut und ist
1854 reparirt worden. Die Pfarrei besitzt 106, das Cantorat
41⅞, die Mädchenschule 16¾ Acker Land. Im Jahre 1839 wurde
eine Sonntagschule, 1854 eine Fortbildungsschule gegründet. Außer=
dem bestand eine Industrieschule zum Nähen und Stricken für
Schulmädchen.

Ehedem waren Vicareien oder Kapellen zu Ballstedt, deren eine
der Pfarrer von Ballstedt zu vergeben hatte. Bei der Kirchen=
visitation im Jahre 1542 wurden die Einkünfte zur Schule ge=
schlagen. Die Einwohner von Aschera mußten dieser Vicarei jähr=
lich 3 Langensälzer Metzen Erbzinsen entrichten. Die Einkünfte
einer anderen Vicarei wurden theils der Pfarrei zu Nordhofen,
theils dem Cantorate zu Ballstedt überwiesen.

Ballstedt besitzt zwei Rittergüter, das sogen. Lampert'sche, ehe=
dem Schulze'sche, und das Anspach'sche oder Selzer'sche. Als nun
im Jahre 1767 die Gemeinde Ballstedt ein Gemeinde=Backhaus
einrichten wollte, widersprachen dem Gesuche die Besitzer der beiden
Freigüter, und die Gemeinde mußte deshalb flagbar werden. Von
Seiten des Gerichts fand man den Widerspruch unstatthaft, und
dieß wurde durch ein Urthel der Leipziger Universität bestätigt,
worauf eine Concessionsurkunde ertheilt ward (1774) [11]). Die bei=
den Rittergüter waren im Jahre 1818 Eigenthum der Lampert'=

---

[10]) Tentzel, II, 118. Cod. Chart. B, 211, f. 176 f. 179. Copialbuch f. 39.
— [11]) TT, III d) Gotha 22 im H. u. St.

schen Familie und wurden in ein Erblehngut umgewandelt. Nachdem die Besitzer im Jahre 1848 wegen der Huth- und Triftgerechtigkeiten entschädigt waren, traten sie in den Stand gewöhnlicher Ortsnachbarn zurück, und es wurde festgestellt, daß die Hufe 8, das Haus 4 Schafe zur Dorfheerde treiben dürfe.

Von Unglücksfällen, welche den Ort trafen, führe ich an: 1625 starben 365 Personen an der Pest. Eine fremde Bettelfrau soll sie eingeschleppt haben, und der damalige Pfarrer schrieb deshalb nach ihrer Beerdigung in das Kirchenbuch: bestia haec nobis fuit pestifera. In Folge des schrecklichen dreißigjährigen Kriegs waren im Jahre 1638 von 660 Einwohnern nur noch 240, von 129 Häusern nur 54, von 64 Pferden nur 7, von 227 Kühen und Rindern nur eine Kuh, von 500 Schafen kein einziges und von 120 Schweinen nur 4 vorhanden. Im Jahre 1736 wurden durch eine große Feuersbrunst 25 Häuser in Asche gelegt. Am 5. August 1757 vernichtete ein fürchterliches Hagelwetter das ganze Sommerfeld und drei Theile des Winterfeldes. Im September desselben Jahres brachten die durchmarschirenden fremden Truppen dem Orte ungemeinen Schaden. Ein zweites schweres Hagelwetter entlud sich über Ballstedt am 8. Mai 1760, bei welcher Gelegenheit 9 Stück Rindvieh in den Ställen ersoffen und Gärten und Ländereien verschlämmt wurden. Aehnlich war das Hagelwetter in der Pfingstwoche am 24. Mai 1850, wo die großen Schloßen lauter runde Löcher in die Erde geschlagen hatten, wie wenn sie von Kugeln herrührten. Am 12. Juni 1813 brannten wieder 29 Häuser nebst den Wirthschaftsgebäuden ab. Die vielen Strohdächer und die große Dürre hatten die schnelle Verbreitung des Feuers befördert.

Pfarrer seit der Reformation:

Johann Haller.

Johann Wenigerkind —1580.

Georg Kiel 1580, † 1622.

M. Liberius Thilo 1622—1626, wurde Diaconus in Gotha.

Tobias Kilius 1626, † 1627, vorher zu Eschenbergen.
Wilhelm Marterstek 1627, † 1640.
M. Georg Knöpffel, † 1640.
(Ballstedt Filial von Hausen 1640—1647.)
Johann Christian Meusemann 1647, † 1673.
M. Johann Andreas Gnüge 1673, † 1685, vorher zu Eischleben, nachher Diaconus zu Gotha.
M. Heinrich Benjamin Kritzmann 1685, † 1710, vorher Rector zu Tennstedt.
Gottfried Müller 1710, † 1738.
Johann Sebastian Range 1738—1747, wurde Hofprediger zu Gotha.
Johann Daniel Ehrhardt 1747, † 1773, vorher zu Fröttstedt.
Georg Christoph Rose 1773, † 1798.
Georg Heinrich Müller, Vicar 1795—1798.
Johann Sebastian Frank 1801, † 1807, vorher zu Eschenbergen.
Johann Jacob Burbach 1808, † 1829, vorher zu Wahlwinkel.
Ernst Friedrich Möller 1830, † 1869, vorher zu Thörey.
Julius August Bohn 1869, † 1873, vorher zu Großenbehringen.

Pfarrbesoldung: 55 Rthlr. baar, 400 Rthlr. Früchte, 436 Rthlr. Grundstücksertrag, 141 Rthlr. Holz, 60 Rthlr. Accidenzien, 30 Rthlr. Wohnung.

Kirchenvermögen: 9088 Rthlr., wovon 7000 Rthlr. Grundstückswerth.

Seelenzahl 1816: 546; 1834: 632; 1843: 653; 1852: 719; 1860: 724; 1868: 754; 1871: 783.

Bienstedt [17]),

Beinstet, ein Dorf, 3 Stunden von Gotha und ebenso weit von Erfurt entfernt, zum Justizamte Tonna im Landrathsamte Gotha

---

[17]) Brückner, II, 9, 68. Galletti, IV, 165.

gehörig, umgeben von den Dörfern Kleinfahner, Töttelstedt, Witterda, Zimmern, Tröchtelborn und Molschleben, liegt ziemlich hoch und hat deshalb kein fließendes Wasser. Zwei Schwemmen und mehrere Ziehbrunnen leisten Ersatz. In Folge hiervon sind Wassermühlen nicht vorhanden und die Einwohner waren gezwungen, in der Obermühle zu Kühnhausen mahlen zu lassen. Dieser Zwang wurde im Jahre 1731 mit 120 Rthlrn. vom Müller abgelöst und dagegen eine Windmühle an dem Witterwege erbaut. Der Ort besitzt ungefähr 60 Hufen gehüfte Länderei, wobei die sogenannte Offhäuser Flur mit eingerechnet ist, welche nach einem früheren Dorfe Hofhusen (1264) benannt und jetzt mit Bienstedt vereinigt ist[13]). Der größere Theil der Bienstedter Flur besteht aus Rode- und Steingrubenland, welches sehr gering ist und wenig Erträge gibt. Die Einwohner nähren sich von dem Ackerbau und der Viehzucht, namentlich der Schafzucht. Es ist gute Weide hier, doch fehlt es an Wiesen. Eine Wiese, der sogen. Oppels-Brunn, hält 10 Acker. Zu dem ehemaligen Dorfe Hofhusen gehörte der sogen. Anger, der ungefähr 27 Acker enthält und der Stadt Erfurt gehörte. Es waren ursprünglich Wiesen, welche von den Erfurtern in Ahrtland umgewandelt werden sollten; die Bienstedter aber verhinderten das, und dadurch wurden die Erfurter bewogen, den Anger an die Cammer in Gotha zu verkaufen. Diese aber verkaufte ihn wieder an einen Einwohner zu Bienstedt, Balthasar Dünckel. An Holz ist in Bienstedt auch großer Mangel; der Ort besitzt nur ein kleines Stück, die sogenannte Hecke.

Auf dem an das Dorf Bienstedt grenzenden Wartberge stand früher eine viereckige Warte — die Bienstedter Warte —, im dreißigjährigen Krieg erbaut, um die Züge der Soldaten beobachten und die Einwohner warnen zu können, von welcher jedoch jetzt nur noch eine Ruine steht, im Frühjahr das Ziel vieler Ausflüge aus der Umgegend, weil man da eine weite Umsicht hat. Nach dem

---

[13]) Sagittar, Gleichen, 62.

großen Brande im Jahre 1733 wurden die Steine theilweis von den Einwohnern zum Unterschlage ihrer neu aufgerichteten Gebäude benutzt.

Mit der Gemeinde Kleinfahner entstanden wegen der Koppelhuth Irrungen, die im Jahre 1728 durch einen Vergleich beseitigt wurden.

Im Jahre 1263 wird Beinsted und Hofhusen als dem Grafen von Gleichen zugehörig genannt [14]). Im Jahre 1385 wird es in dem Erbtheilungsvertrage zur Herrschaft Tonna geschlagen, wohin es noch jetzt gehört [15]). Im Jahre 1435 wird Graf Adolf von Gleichen, Herr zu Tonna, und sein Vetter Graf Siegmund von Gleichen unter Anderem auch mit Bienstedt vom Landgraf Friedrich in Thüringen beliehen [16]).

Die alte Kirche war wahrscheinlich noch vor der Reformation erbaut worden. Sie hatte aber im Laufe der Zeit mehrfache Veränderungen erlitten. Weil sie zu dunkel war, hatte man im vorigen Jahrhundert bei Umlegung des Daches 4 Dachfenster eingesetzt, und im Jahre 1713 auch einen zweiten Eingang durch den Thurm gebrochen. Im Jahre 1811 wurde diese alte baufällige Kirche abgetragen und eine neue massive zu bauen angefangen. Bei der Einweihung derselben am 24. Juli 1814 erhielt sie den Namen Friedenskirche. Die Kosten betrugen 4300 Rthlr. und außerdem 756 Rthlr. für eine neue Orgel. Der Thurm ist an der Kirche angebaut und hat 2 Glocken, welche im Jahre 1802 umgegossen worden sind. Die Pfarrwohnung ist nach dem Brande im Jahre 1689 neu aufgebaut worden, desgleichen die Schulwohnung nach dem Brande im Jahre 1733.

Bienstedt erlitt zwei größere Brände. Am 14. Juni 1689 brannten die Pfarrwohnung und Schule und 21 Wohnhäuser ohne Scheuern und Ställe ab. Weiter brach am 23. März 1733 Nachmittags 4 Uhr bei heftigem Winde ein schreckliches Feuer aus,

---

[14]) Sagittar, Gleichen, 62. — [15]) Daselbst, 132. — [16]) Daselbst, 160.

welches binnen zwei Stunden 56 Häuser ohne Scheuern, Ställe und Hintergebäude einäscherte. Der Verdacht der Verwahrlosung fiel auf den zehnjährigen Sohn des Pfarrers Joh. Heinr. Lange, in dessen Scheuer das Feuer zum Ausbruche kam. Die Gemeinde berechnete den Schaden auf 15,000 Rthlr.

Neuerdings, im Jahre 1851, wurde das Beichtgeld von der Gemeinde abgelöst, und 1870 wurden die Grundstücke in der Bienstedter Flur zusammengelegt.

Pfarrer seit der Reformation:

Melchior Mengewein —1626.

M. Georg Knüpffel 1626, † 1641, vorher Conrector zu Ohrdruf.

Lorenz Seuberlich 1641, † 1673.

Johann Paul Vogler 1671—1691, kam nach Illeben.

Johann Justinus Hofmann 1692—1693, kam nach Burgtonna.

Johann Heinrich Frömmichen 1694—1696, resignirte.

Johann Michael Salzmann 1696, † 1714, vorher zu Trügleben.

Peter Wolf 1715, † 1720, vorher zu Laucha.

Johann Heinrich Lange 1721—1734, kam nach Cobstedt.

M. Christian August Ludwig 1734—1741, kam nach Goldbach.

Georg Melchior Göring 1741, † 1764.

Johann Friedrich Hochgesang 1764—1778, wurde Superintendent in Tonna.

Johann Friedrich Georg Ostückenberg 1778—1796, wurde Pfarrer zu Döllstedt.

Friedrich Heinrich Gebhard 1796—1803.

Johann Christian Seyfarth 1806—1842.

Georg Christian Töpffer 1842, † 1865.

Constantin Wilhelm Weingart 1866—1869, vorher Garnisonprediger zu Gotha.

Friedrich Perthes 1870.

Pfarrbesoldung: 32 Rthlr. baar, 179 Rthlr. Früchte, 306 Rthlr. Grundstücksertrag, 22 Rthlr. Holz, 18 Rthlr. Accidenzien, 30 Rthlr. Wohnung.

Kirchenvermögen: 795 Rthlr. Kapital.

Seelenzahl 1816: 267; 1834: 309; 1843: 296; 1852: 330; 1861: 366; 1869: 351; 1871: 377.

Bischleben [17]).

Bishofsleben, Büßeleibin, in Urkunden auch Bischofs=leben, Dorf an der Gera, 1¼ Stunde von Erfurt, 4 Stunden von Gotha, 3 Stunden von Arnstadt entfernt, liegt zwischen Kornhoch=heim, Schmira, Stedten, Möbisburg, Rhoda, Molsdorf und Ingers=leben, im Justizamte Ichtershausen und Landrathsamte Gotha. Die Einwohner nähren sich hauptsächlich vom Ackerbau.

In alten Zeiten wird Heinrich von Bischofsleben im Jahre 1289 als Rathsherr in Erfurt und im Jahre 1335 Tizel von Bischofsleben genannt [78]). Die Einwilligung Graf Hermann's von Gleichen zu dem Verkaufe von 10½ Hufen Landes in Büßeleibin an den Rath zu Erfurt erfolgte 1333 [79]). Hierauf kam das Dorf an die Grafen von Gleichen. In dem Theilungsvertrage der Gra=fen vom Jahre 1385 (an der Mittwoch am Allerheiligen=Tage) [80]) wurde es den Herren von Tonna nebst anderen Besitzungen zuge=wiesen. Graf Ernst der Aeltere von Tonna verkaufte es im Jahre 1403 (Montag am St. Elisabethtage) wiederverkäuflich für 300 Mark Silber auf 10 Jahre dem Rath zu Erfurt zugleich mit dem Kirchlehen [81]). Im Jahre 1426 (Freitags vor Lucä) trat Graf Adolf von Tonna seinen Vettern Graf Ernst und Graf Ludwig die Dörfer Bischoffsleben, das Ködichen (Rhoda) und Hochheim ab. Hierauf kauften die Gebrüder Kurfürst Friedrich und Wilhelm von Sachsen die genannten drei Dörfer den beiden Grafen Ernst und Ludwig von Gleichen erblich gleichfalls um 300 Mark ab (1444) [82]). Von da an verblieb es bei dem Hause Sachsen=Gotha und wurde

---

[17]) Brückner, III, 4, 30. Galletti, III, 315. — [78]) v. Falckenstein, Historie von Erfurt, 159. 215. — [79]) Krügelstein, Ohrdruf, 116. — [80]) Sa=gittar, Gleichen, 132. — [81]) Daselbst, 148. — [82]) Daselbst, 191. Rein, Thur. S., I, 165.

unter das Amt Wachsenburg gestellt. Ferner belehnt Graf Adolf von Gleichen die Bürger Heinrich, Erhart und Gottschalk von der Sachsen unter Anderem auch mit 4 Hufen und 4 Höfen zu Bischofsleben (1448 am Tage Priscao virginis)⁸³). Im Jahre 1456 (Donnerstags nach S. Laurentii) ⁸⁴) empfing Hans Hottermann, Bürger zu Erfurt, sammt seinem Weibe und Erben von Graf Sigmund von Gleichen eine halbe Hufe in Bischleber Flur zu Erblehen.

Die Kirche wurde 1716 und 1717 mit einem Kostenaufwande von 2059 Fl. erbaut. Das Filial Rhoda steuerte dazu 50 Fl., das Filial Stedten 90 Fl. Das letztere wurde später von Bischleben getrennt und erhielt einen eigenen Pfarrer (s. Stedten). Auf dem Thurme hängen 2 Glocken. Die Pfarrwohnung wurde 1667 erbaut, die Schule 1733.

Schon von uralter Zeit her war auch die St. Dionysiikirche zu Möbisburg (Merwisburg, Merwigsburg), einem Erfurtischen Dorfe, Filial von Bischofsleben, und hat der Herzog von Sachsen-Gotha das Patronatrecht daselbst.

Im dreißigjährigen Kriege wurde Bischleben hart mitgenommen, namentlich hausten der berüchtigte Rittmeister Phul und die Königsmarkischen Truppen im Jahre 1639 sehr übel. Im Jahre 1640 waren im ganzen Orte nur noch 2 Pferde und 3 Kühe zu finden; Schafe, Schweine, Hühner und Gänse gab es nicht mehr. 700 Acker lagen wüst und waren unbestellt, 32 Häuser waren bewohnt, 40 standen leer, 92 Acker waren mit Frucht bestellt, 155 Acker wüste Weinberge, 10 Acker wüste Hopfenberge. An der Pest starben damals 93 Personen. Der Pfarrer Wilhelm Göring wurde, wie er selbst erzählt ⁸⁵), „geplündert, geschlagen und verwundet, 24 Pferde, 12 Kühe und viele Schafe, sogar der Mantel geraubt, so daß er ohne denselben predigen mußte." Er habe damals über 3000 Thaler Schaden gehabt, und wenn ihm nicht vornehme Leute in

---

⁸³) Sagittar, Gleichen, 163. — ⁸⁴) Das., 346. — ⁸⁵) Brückner, III, 4, 86.

Erfurt unterstützt, hätte er den Bettelstab ergreifen und mit den Seinigen hungern müssen. Die Leute aber borgten ihm und halfen ihm aus, daß er nach und nach sich wieder in Etwas erholen konnte".

Als später, im April 1673, der langsame Durchzug der lothringischen Kriegsvölker durch Thüringen erfolgte, wurde auch Bischleben schwer heimgesucht. Von bedeutenden Bränden ist Bischleben verschont geblieben.

Durch den Erfurter Jagdreceß vom 14. März 1661 zwischen Kurmainz und den fürstlichen Häusern zu Weimar und Gotha erhielt Herzog Ernst der Fromme von Sachsen-Gotha die niedere Jagd in den Rhodaer und Bischleber Fluren. Darnach durften die Einwohner, jedoch ohne Büchsen und Hunde, das Wild von ihren Feldern scheuchen *⁶).

In neuerer Zeit (1832) erkaufte die Gemeinde von der herrschaftlichen Cammer die herrschaftliche Fischerei in der Gera für die Summe von 450 Rthlrn. m/m.*⁷). Eine Kinderbewahranstalt wurde 1839 gegründet. Die Zusammenlegung der Grundstücke in der Flur geschah 1861. Das Kirchlehngeld und die Kirchenzinsen, sowie Pfarrlehen und Pfarrzinsen wurden 1859, das Beichtgeld gegen eine Vergütung von 6 Rthlrn. aus der Gemeindekasse im Jahre 1862 abgelöst.

Pfarrer seit der Reformation:

Johann Stromayer —1553.

M. Valentin Petermann 1553, † 1574.

M. Caspar Burckhardt 1574, † 1578, vorher Schulmeister zu Kindelbrück.

M. Johann Franck 1578—1589, kam nach Nottleben.

M. Johann Rhodius (Rübbinger) 1589, † 1592.

M. Anton Leuber 1592—1598, vorher Rector zu Greußen.

M. Johann Fülber 1598, † 1620.

M. Wilhelm Göring, Substitut 1618—1620, kam nach Eischleben.

---

*⁶) A. Beck, Ernst der Fromme, I, 489. — *⁷) Landrathsamt Gotha, Loc. 56, no. 12.

Paul Wolf 1620, † 1626, vorher zu Eischleben.

M. Wilhelm Göring 1626, † 1666.

Stephan Elßner, Substitut 1661—1664.

Thomas Tressel 1664—1666, kam nach Wahlwinkel.

M. Johann David Zang 1666—1669, vorher zu Tonndorf, wurde Landkircheninspector zu Gotha.

Johann Daniel Ludwig 1669, † 1669, vorher zu Dachwig.

Sebastian Helmbold 1670, † 1693, vorher zu Kleinfahner.

M. Heinrich Andreas Kirchhof 1694, † 1724.

Valentin Cranich 1724, † 1734, vorher zu Trügleben.

M. Johann Ernst Wenig 1734, † 1745, vorher zu Cobstedt.

Johann Caspar Löwe 1745, † 1767, vorher zu Liebenstein.

Johann Justus Mälzer 1766, † 1796.

Johann Friedrich Julius Härter 1796—?

Christian Ludwig Grosch, † 1828.

Friedrich Ernst Themar 1828, † 1838.

Gustav Heinrich Haumann 1839, † 1845.

Johann Heinrich Büchner 1846—1865, † 1870.

Carl Ludwig Welcker 1867, † 1871, vorher zu Wölfis.

Moritz Reinhardt 1872, vorher in Molsdorf.

Pfarrbesoldung: 35 Rthlr. baar, 313 Rthlr. Früchte, 485 Rthlr. Grundstücksertrag, 37 Rthlr. Accidenzien, 30 Rthlr. Wohnung.

Kirchenvermögen: 1356 Rthlr. Kapital.

Seelenzahl 1816: 268; 1834: 365; 1843: 442; 1859: 437; 1869: 466; 1871: 487.

Bittstedt [86]),

Bitstete, Bitste, Petstedt, ein Filial von Holzhausen, Dorf westlich von Arnstadt, im Justizamte Ichtershausen, Landrathsamt Gotha, grenzt an das Schwarzburgische und liegt zwischen Gossel, Röhrensee und Holzhausen. Vor Zeiten soll der Ort den Namen

---

[86]) Brückner, II, 6, 4. Galletti, III, 315.

Betstätte gehabt haben. Es soll der Sage nach der Bischof St. Aegidius sich hier eine Zeit lang aufgehalten haben und Bittstedt ein Wallfahrtsort gewesen sein. (Die Gemeinde führt in ihrem Siegel den heiligen Aegidius.) Am Dorfe auf einer Wiese befindet sich auch der sogen. heilige Brunnen. Die Einwohner nähren sich vom Ackerbau, theilweise aber auch von der Holzarbeit im Tambuche. Der Ort besitzt eine große Flur, das Land ist aber wenig ergiebig. Ein fließendes Wasser ist zwar in Bittstedt nicht vorhanden, aber es besitzt einige Schwemmen und mehrere Brunnen, die gesund und wohlschmeckend sind. Auf dem hohen Berge zwischen Bittstedt und Holzhausen ist der sogen. Gesundbrunnen, nach welchem ehedem gewallfahrtet wurde und bei welchem man Betstunden abhielt, weshalb der Berg noch heute der Kirchberg genannt wird. Nach Süden zu liegt ein kleiner viereckiger Wald, welcher das Heidenholz heißt und der Gemeinde gehört.

Im Jahre 1359 (31. März) verkaufte das Kloster Ichtershausen 19 Schillinge jährlichen Zins zu Bitste den geistlichen Jungfrauen Elisabeth Lutegeris und Elisabeth Retingistete um 10 Pfund Pfennige. Eine andere Ichtershäuser Klosterurkunde (1428, 21. Decbr.) erwähnt bei einem Zinsverkaufe gleichfalls unter anderen Orten auch Bitstete. Endlich verkaufen Berlt Feit zu Bittstedt und seine Frau Margarethe an die Klosterjungfrau Margarethe Gerhardis zu Ichtershausen 1 alt Schock Groschen von 1 Haus und Hof zu Bittstedt und 1 Hufe, die jährlich 10 Schilling und 3 Hühner Erbzins gibt, um 12 Schock Meißner Groschen auf Wiederkauf [89]).

Die Kirche ist alt und dem heiligen Aegidius geweiht und in den Jahren 1690 und 1749 erweitert worden. Auf dem Thurme befinden sich 3 Glocken.

Das Dorf ist nicht ohne größere Unglücksfälle geblieben. Es war vor dem dreißigjährigen Kriege weit größer, aber der berüchtigte Rittmeister Phul hauste auch hier übel und im Jahre 1640

---

[89]) Rein, Thur. S., I, 132. 160. 167.

waren nur 73⅔ Acker über Winter bestellt, 1866 Acker lagen wüst. Phul hatte den Einwohnern alles Vieh weggenommen und es gab nur 32 bewohnte Häuser, 10 standen leer und 25 Hofstätten waren wüst. Nach dem dreißigjährigen Kriege waren gar nur noch 8 Hausväter im Dorfe. Am 14. Juni 1689 vernichtete eine Feuersbrunst 20 Häuser sammt Pfarr- und Schulhaus [90]) und am 13. März 1766 wieder 21 Häuser ohne die Scheuern und Ställe im Werthe von 6177 Fl. Auch das Schulhaus war wieder ein Raub der Flammen geworden. Eine Collecte und ein Steuererlaß erleichterten den armen Abgebrannten den Verlust [91]). Die Schule ward im folgenden Jahre mit einem Kostenaufwande von 621 Rthlrn. wieder aufgebaut. Im Jahre 1859 verhagelte die ganze Flur, der Schaden betrug mehrere tausend Thaler.

Eine Kinderbewahranstalt, welche im Jahre 1839 eingerichtet wurde, ging bald wieder ein. Im Jahre 1860 wurde ein neuer Schulsaal für 76 Kinder gebaut und am 23. September 1860 eingeweiht.

Die Marmor-Steinbrüche, welche den Einwohnern Beschäftigung und Verdienst geben, wurden im Jahre 1856 eröffnet.

Das Kirchenvermögen beträgt 1600 Rthlr., wovon 962 Rthlr. Grundstückswerth sind.

Seelenzahl 1816: 267; 1834: 358; 1843: 378; 1852: 387; 1863: 458; 1867: 465; 1871: 476.

Boilstedt [92]),

Bolstedt, Bolestede, Boylstedt, Boylstat, Boldestete, Boulstadt, Filialdorf von Uelleben, ¾ Stunden südwestlich von Gotha, zwischen den Dorfschaften Sundhausen und Uelleben, zum Justizamte Gotha im gleichnamigen Landrathsamte gehörend. Es ist wohl zu unterscheiden von dem preußischen Dorfe Bollstedt bei Mühlhausen, welches ehedem dem Kloster Volkenroda gehörte.

---

[90]) Heydenreich, Annales. — [91]) XX, II, 144 im H. u. St. — [92]) Brückner, II, 4, 18. Galletti, III, 98. Ortschronik im Pfarrarchive zu Uelleben.

Die noch jetzt gewöhnlichen Ausdrücke Seefeld und Siffen, womit gewisse tief liegende und an Boilstedt und Uelleben stoßende oder sie umgebende Abtheilungen der Fluren bezeichnet werden, deuten, mit der Beschaffenheit des Bodens, offenbar auf den ehemaligen Zustand dieser Gegend, d. h. auf Sümpfe hin, welche die Waldungen umgaben.

Die Flur von Boilstedt umfaßt ungefähr 30 Hufen Land (außer der Laite am Borberge), von denen ein großer Theil auswärtigen Besitzern gehört, besonders etwa 6 Hufen dem Backhaus'schen Gute in Sundhausen. Unter den Brunnen verdient der treffliche Steinbrunnen besonders hervorgehoben zu werden, dessen starke Quelle nie vertrocknet und fast niemals zufriert, im Winter warm und im Sommer kalt ist. Die Einwohner nähren sich vom Ackerbaue und Tagelohne, der wegen der Nähe der Stadt Gotha leicht zu finden ist.

Die übermäßigen Zinsen, welche das Dorf früher zu entrichten hatte, nämlich 25 Malter Korn, 23 Malter Gerste und 15 Malter Hafer, sind in neuerer Zeit ebenso wie die Frohndienste glücklich abgelöst worden.

Bei der Uebergabe von Linungen (Leina) an das Kloster Reinhardsbrunn im Jahre 1163 erhielten die Canonifer zu Ohrdruf im Tausche 3 Hufen in Boldestete und 3 in Ulleiben [93]).

Nach dem Orte nannte sich ein adeliges Geschlecht, die Herren von Boilstedt. Der älteste, der in den Urkunden genannt wird, war Heinrich von Boilstedt, in einer Georgenthäler Urkunde vom Jahre 1236 und in einer Urkunde des Kreuzklosters zu Gotha vom Jahre 1251. Als Zeuge kommt Günther von Boilstedt im Jahre 1275 vor, als das Kloster Georgenthal 2 Hufen Land in Dietendorf ankaufte. Hans von Boilstedt, Untervogt von Gotha, übergibt dem Augustinerkloster zu Gotha Zinsen in Bufleben (1327 Montags nach Judica) [94]). Conrad von Boilstedt erscheint als

---

[93]) Schannat, Vindem. litter., 116. Krügelstein, Ohrdruf, 32. —
[94]) Möller, Augustinerkloster, 257.

Zeuge in einer Urkunde des Stifts zu Gotha vom Jahre 1346. Derselbe hatte 1340 dem Kloster Reinhardsbrunn 3 Hufen Land in Boilstedt gegen Zins überlassen und wird noch 1370 mit seinen Söhnen Kunemund und Wytig (Witticho) genannt, wo er dem genannten Kloster 1 Mark Zins auf einer Hufe zu Boilstedt überläßt. Kunemund erscheint 1385 in einem Reinhardsbrunner Kaufbriefe als Bürge, dann auch mit seinem Bruder Wethige, wohnhaft zu Uelleben, als Verkäufer eines Zinses von 5¼ Virding löthigen Silbers auf drei Viertel Land zu Westhausen an die Aebtissin des Kreuzklosters zu Gotha für 9 Mark gute gothaische Pfennige (1385 am St. Sebastian-Tage). Wytig kommt noch im Jahre 1386 als Zeuge in einer Reinhardsbrunner Urkunde vor. Kunemund aber starb im Jahre 1401, wie aus einem noch vorhandenen, obschon sehr verwitterten Epitaphe hervorgeht. Der Stein diente lange als Brücke über die Leina, bis Tenzel ihn aufheben ließ; er steht jetzt neben der Brücke über die Leina [95]. Endlich ist noch Witticho von Boilstedt, der 1427, und Wettig von Boilstedt, der 1483 genannt wird und an Junker Friedrich von Liesen 80 Schock alten Goldes Landwähr borgt gegen einen Zins von 8 Schock, auf seinem Dorfe Boilstedt liegend [96], zu erwähnen.

Im Jahre 1478 kaufen zwei Gothaische Nonnen einen Jahrzins von 2¼ Schock Groschen „guter Gother Landwehre" in Boilstedt für 25 Schock Groschen, der nach ihrem Tode an das Kreuzkloster zu Gotha fallen soll [97]. Hans Perlin zu Boilstedt verkaufte dem Augustinerkloster ½ Gulden Jahrzins für 7 rheinische Gulden (1483) [98]. Junker Friedrich von Liesen bestätigte den Kauf. Auch das Kloster Reinhardsbrunn hatte verschiedene Ländereien von Boilstedt an sich gebracht [99].

Um das Jahr 1538 ging das Gut zu Boilstedt an die Herren von Scharffenstein über, von denen es an die Herren von Vogel,

---

[95] Die Umschrift um den Stein sehe man in A. Beck, Gesch. des goth. Landes, II, 30. — [96] Copialb. f. 107. — [97] Original im Rathsarchive zu Gotha, no. 146. — [98] Copialb. f. 105. — [99] Thur. S., 232. 243. 249.

hinauf an die Herren von Uetterodt, dann an die Herren Riedesel von Eisenbach, zuletzt an die Herren von Krüger in Arnstadt kam. In neuerer Zeit hat es die Gemeinde von dem Gutsbesitzer Herrn Schlegel für sich erkauft, und es haben sich die Einwohner in dasselbe getheilt.

Die alte Kirche, welche noch aus der Zeit des Papstthums stammt, war dem heiligen Quirinus geweiht [100]), das Kloster Reinhardsbrunn hatte das Patronatrecht über dieselbe. Indeß befand sie sich schon im Jahre 1484 nicht allein in einem baufälligen Zustande, sondern es fehlte auch an Kelchen, Leuchtern, Wachslichtern, Altar- und Tauftüchern, Altartafeln, sowie an Glocken. Um diesen Mängeln abzuhelfen, ertheilte Bischof Berthold zu Mainz vier Abgeordneten von Boilstedt (1484) die Erlaubniß zum Einsammeln einer Collecte im Mainzer Sprengel von Thüringen, Hessen, Sachsen und dem Eichsfelde. Ursprünglich war die Kirche zu Boilstedt ein Filial des längst untergegangenen Dorfes Eschleben. Der Erzbischof Matthias zu Mainz incorporirte sie dem Kloster Reinhardsbrunn (1327, VII Idus Dec.) [101]).

Ein beständiger Pfarrer oder Vicar wird in Boilstedt schon im Jahre 1323 genannt. Der letzte hieß Vincentius Salzmann, der als ein alter Mann im Jahre 1535 in Ruhestand versetzt wurde [102]). Die Visitatoren wiesen dem alten Pfarrer 2 Hufen Landes, Decimation von der wüsten Pfarrei Eschleben auf 11 Malter, den halben Theil der Wiesen zu Boilstedt (2½ Acker) und ein Gemeintheil vom Buschholze im Vorberge zu seinem Unterhalte an und überließen ihm die Pfarrwohnung auf Lebenszeit und nach seinem Tode seinen Erben als ein Pfarrlehn von Uelleben für 10 Gülden Kaufsumme und einen Erbzins von 2 Michaelshühnern an die Pfarrei zu Uelleben, zu welcher Boilstedt nun als ein Filial geschlagen wurde. Bei dieser Gelegenheit wurde auch die Pfarrbesoldung zu

---

[100]) Noch jetzt führen einzelne Einwohner den Vornamen Quirin, im Munde des Volks „Kehren" gesprochen. — [101]) A. Beck, Gesch. d. gothaischen Landes, II, 7. — [102]) Daselbst, I, 251.

Uelleben verbessert und bestimmt, daß die Naturaleinkünfte, die Salzmann bekam, nach seinem Tode der Pfarrei Uelleben zufallen sollten. Das Haus in Boilstedt, welches ehedem Pfarrwohnung war, ist noch vorhanden, lehnte der Pfarrei zu Uelleben und gab jährlich 2 Michaelshühner dahin ab. Auch die 10 Gülden, welche die Erben des Pfarrers Salzmann nach Uelleben für das Pfarrhaus zu zahlen hatten, sind erhalten worden und bis auf die neueste Zeit als ein Inventarium bei der Pfarrei verblieben [103]). Nach der Reformation wurde die Boilstedter Kirche ein Lehn des kur- und fürstlichen Hauses Sachsen.

Am 23. April 1709 wurde die alte Kirche mit dem Thurme abgerissen und der Grund zu einer neuen gelegt, die man am 7. October 1710 einweihte. Der einweihende Geistliche hielt die Predigt über Genes. XXVIII, 16. 17: „Hier ist nichts anderes denn Gottes Haus, und hier ist die Pforte des Himmels". Er machte der Gemeinde bekannt, daß die neu erbaute Kirche künftighin „die Himmelspforte" heißen sollte. Eine Restauration dieser Kirche fand im Jahre 1830 statt. Sie besitzt seit 1622 eine halbe Hufe Land, für 200 Gülden gekauft, und jetzt ein Kapitalvermögen von etwa 2000 Thalern, das im Jahre 1706 nur erst 100 Gülden betrug.

Statt des früheren hölzernen Thurmes wurde im Jahre 1750 ein steinerner aufgeführt; auf ihm hängen 2 Glocken zum Läuten. Die Orgel ist 1850 für 400 Thaler gekauft und am 1. December 1850 eingeweiht worden.

Eine neue Schule wurde 1740 auferbaut, weil die alte zu klein und baufällig war. Der Kostenaufwand betrug 284 Gulden ohne die dabei geleisteten Frohndienste; die Kirche und die Gemeinde bezahlten sie zu gleichen Theilen. Die jetzige Schulwohnung war bis zum Jahre 1828 Gemeindeschenke und wurde mit einem Auf-

---

[103]) Myconius in seinem Copialbuch über die Ministratur zu Gotha, f. 429b. Vergl. Brückner, II, 4, 27.

wande von 622 Thalern aus der Kirchkasse und 307 Thalern aus der Gemeindekasse ausgebaut. Ein neuer Schulsaal ist am 11. November 1867 eingeweiht worden.

Die niederen Gerichte in Boilstedt gehörten früher dem jedesmaligen adeligen Gutsbesitzer. Am 3. December 1839 trat der Amtsrath von Krüger zu Arnstadt dieselben an das Haus Sachsen-Coburg-Gotha ab [104]).

Von sonstigen neueren Ereignissen verdient bemerkt zu werden, daß im Jahre 1844 die Gemeinde von der mit dem dasigen Rittergute gemeinschaftlichen Triftlaite 130 Acker 117 Q.-R. zu eigener Benutzung erhielt [105]). 1851 ward eine Industrieschule eingerichtet. Am 4. Juni 1856 wurde der Ort von einem Hagelwetter betroffen, desgleichen sich die ältesten Leute nicht entsinnen konnten. Die Gebäude des Orts standen zum Theil so unter Wasser, daß Menschen und Vieh nur unter den Dachböden Rettung finden konnten [106]). Von größeren Bränden ist Boilstedt glücklicherweise verschont geblieben, nur im Jahre 1737 brannten 9 Wohnhäuser nebst Scheuern und Ställen nieder.

Die Grenzen zwischen Boilstedt und der Stadt Gotha waren schon im Jahre 1557 festgestellt worden. Die Zusammenlegung der Grundstücke in Boilstedter Flur kam 1864 zu Stande. Die Pfarrei erhielt 1) im Seefelde 77 Acker 60 Q.-R.; 2) im Holzfelde 56 Acker 9 Q.-R.; 3) im kleinen Felde 16 Acker 127 Q.-R. Artsland und 40 Acker 119 Q.-R. Wiesen. Dazu kamen noch ungefähr 14 Acker Land unterm Oelrain. Die Kirche erhielt statt ihrer früheren 89 Acker 12 Q.-R. 1) an der Töpfleber Hohle 6 Acker 129 Q.-R.; 2) am Sauerbrunnen 28 Acker 118 Q.-R.

Pfarrbesoldungs-Anschlag: 1 Rthlr. an baarem Gelde, 320 Rthlr. an Früchten (die ganze Decimation der Besitzer der Uelleber Flur, jetzt 50 Malter Früchte), 90 Rthlr. an Grundstücksertrag, 16 Rthlr. an Accidenzien.

---

[104]) JJ, XIII, 4 im H. u. St. — [105]) Loc. 42, no. 6, Landrathsamt Gotha. — [106]) Loc. 42, no. 34, Landrathsamt Gotha.

Kirchenvermögen: 3295 Rthlr., wovon 1325 Rthlr. Grundstückswerth.

Seelenzahl 1816: 157; 1834: 212; 1843: 187; 1852: 220; 1859: 240; 1869: 290; 1871: 289 (65 Häuser).

Brüheim [107].

Brüheym, Broheim, Brücheim, Dorf an der Nesse im Justizamte und Landrathsamte Gotha, 2 Stunden von Gotha, 3 von Langensalza, 5 von Eisenach entfernt, liegt, umgeben von den Dörfern Wangenheim, Eberstedt, Sonneborn, Friedrichswerth, Oesterbehringen und Tüngeda, in einer fruchtbaren und wiesenreichen Gegend. Die Einwohner nähren sich vom Ackerbau und von der Viehzucht. Außer der Nesse, die unten am Dorfe vorbeifließt, befindet sich im oberen Theile desselben eine Schwemme und außer mehreren Brunnen in Privathäusern auch ein guter in der Mitte des Dorfes. Der Ort kommt schon im Jahre 768 vor, wo Kaiser Otto I. dem Erzstifte zu Magdeburg unter mehreren anderen Orten auch Brüheim schenkt. Der Erzbischof Adelbert zu Magdeburg trat diese geschenkten Ortschaften dem Kloster zu Fulda gegen andere Besitzungen ab (973) [108]. Die Ableitung des Wortes von Broheim oder Brodheim, weil der Ort seine Einwohner reichlich nähre [109], scheint allzu gewagt. v. Falckenstein [110] nennt den Ort Brücheim und theilt mit, daß er als eine villa in alten Zeiten zum Westergau gehört habe, wie eine Urkunde Kaiser Otto III. ausweise, und daß der Ort deshalb so heiße, weil er ganz nahe an der sogen. Sonnebornischen Bruchwiese gelegen habe.

Im Jahre 1350 verkauft Bern, Dechant in der Burg zu Fulda, an Frau Adelheid von Arnstadt und ihre Erben im heiligen Kreuzkloster zu Gotha 1 Pfd. gothaischer Pfennige (unum talentum denariorum Gothacensium) von verschiedenen Gütern zu

---

[107] Brückner, II, 4, 72. Galletti, III, 12. — [108] A. Beck, Geschichte des goth. Landes, I, 36. — [109] So Tentzel in den Monatlichen Unterredungen 1681, Juli. — [110] Thüringische Chronica.

Brüheim für 10 Pfd.¹¹¹). Für dasselbe Kreuzkloster erwarb im Jahre 1401 die Aebtissin Agnes von Scharfenstein einen Jahrzins von 50 Schillingen zu Brüheim. Und ebenso verkauft Berlshasse zu Brüheim wiederkäuflich 30 Schillinge Geldes auf 3 Aeckern Feldes in Brüheim zum jährlichen Michaeliszins der geistlichen Jungfrau Agnes von Scharfenstein im heiligen Kreuzkloster zu Gotha (1403)¹¹²).

Es werden auch Herren von Brüheim genannt. So in einer Urkunde Landgraf Albrecht's im Jahre 1298 Hartung von Brüheim¹¹³). Außer mehreren adeligen Höfen war ehemals ein Freigut, das sogen. Ballstedter Gut, vorhanden. Es gehörte ohne Zweifel den Herren von Ballstedt, ist aber vereinzelt und von den Bauern angekauft worden. Im Jahre 1378 wird Reinhard von Sundhausen, „gesessen zu Brüheym", genannt, der mit Beistimmung seines gleichnamigen Sohnes das Lehen des Altars und der Vicarien zu aller Apostel Ehre in der Liebfrauenkirche zu Gotha dem Capitel des Stifts übereignet, so wie er es von seinem Vater ererbte¹¹⁴). Von den adeligen Höfen besitzen jetzt einige die Herren von Wangenheim.

Zu Anfang der Reformation war hier eine kleine Kapelle, welche dem heil. Vitus geweiht war. Sie mußte wegen der Zunahme der Bevölkerung im Jahre 1613 erweitert werden. Im Jahre 1726 wurde mit ihr eine Hauptreparatur vorgenommen und zugleich der alte Thurm niedergerissen und ein neuer gebaut. Die Kosten beliefen sich auf 1500 Thaler. Das Chor hatte ein Einwohner von Brüheim, Hans Georg Herr, im Jahre 1741 auf seine Kosten umändern lassen, wozu ein neues Orgelwerk Gelegenheit gab.

Auf dem Thurme wurden 3 Glocken aufgehängt. Auf der größten steht:

---

¹¹¹) Tentzel, 134. Sagittar, 136. Copialb. f. 44. — ¹¹²) QQ, I c) B, 1 im H. u. St. — ¹¹³) Paullini Annales Isenac., 69. — ¹¹⁴) Tentzel 198.

> Ruft dich dis helle Erz zu hören Christi Wort,
> So komm, es lehret dich den Weg zur Himmels-Pfort.

Campana haec antea fusa MCCCCLXXIV, de novo autem Erffurthi MDCCXLI a N. J. Sorber. Die mittlere Glocke hat auf einer Seite ein Crucifix, auf der anderen die Aufschrift:

> Allein zu Gottes Ehren
> Will ich mich lassen hören.

Auf der dritten Glocke ist ebenfalls ein Crucifix und die Aufschrift:

> Mein Glocken-Klang
> Rufft Lob-Gesang.

Fundebat me Paul Hiob Hahn in Gotha. 1741.

Am ersten Weihnachtstage früh um 3 Uhr war es ehedem üblich, eine sogen. Mette zu halten, ein Gebrauch, der jedenfalls noch aus dem Papstthume herstammte. Wegen des vielen Unfugs, der dabei vorkam, wurde aber dieser Gebrauch nach dem Jahre 1744 abgeschafft. Im Jahre 1818 wurde der Bau einer neuen Kirche angefangen und 1822 eingeweiht. Das Schulhaus ist 1739 gebaut.

Die Abschaffung des Beichtgeldes geschah im Jahre 1853, des Cymbelgeldes bei der Kirche 1867. Dafür werden aus der Gemeindekasse 2 Rthlr. 14 Ngr. in die Kirchkasse gezahlt und der zweite Altaristendienst mit 3 Rthlr. Gehalt aufgehoben; an das Waisenhaus in Gotha aber werden noch jährlich 2 Rthlr. Abfindungssumme statt der früheren Cymbelerträge der zweiten Feiertage aus der Gemeindekasse bezahlt. Auch wurden im Jahre 1867 die Erbzinsen bei der Pfarrei abgelöst. Eine Fortbildungsschule wurde 1866 errichtet, ein Taglöhnerverein nach dem Muster des Gothaischen 1869. Die Zusammenlegung der Grundstücke in der Brüheimer Flur wurde 1862 bewerkstelligt [115]).

Zu Ende des vorigen Jahrhunderts zeichnete sich Brüheim durch gute Instrumentenmacher aus. Die Harmonicas des Secretärs Wenck zu Brüheim waren durch ihre Schönheit und Güte vortheil-

---

[115]) Landrathsamt, Brüheimer Gemeindesachen, Loc. 72, no. 7.

bit bekannt, und die musikalischen Instrumente von Gliem eben=
dort waren in Holland sehr gesucht und wurden um theuere Preise
verkauft ¹¹⁶).

Der dreißigjährige Krieg hatte dem Dorfe ungemein vielen
Schaden gebracht und im Jahre 1638 waren in Folge davon von
den 450 Einwohnern nur noch 90 im Orte, von 55 Wohnhäu=
sern waren nur noch 14 bewohnt, von 30 Pferden waren noch 3,
von 70 Kühen noch 4, von 60 Schweinen noch 2 vorhanden, und
über Winter konnten nur 80 Acker bestellt werden. Daneben hat
Brüheim das Unglück gehabt, öfters durch Brand und Hagelschlag
zu leiden. Am 28. September 1599 zerstörte ein Feuer 6 Häuser,
die Scheuern und Ställe nicht gerechnet. Die größte Feuersbrunst
fand am 26. Juni 1757 statt, wo an einem Sonntage bei großer
Dürre und heftigem Südwinde binnen wenig mehr als 1 Stunde
45 Häuser mit Inbegriff der Pfarrwohnung, 38 Scheuern und 58
Ställe ein Raub der Flammen wurden ¹¹⁷). Dabei verbrannten
auch eine werthvolle Bibliothek und die Kirchenbücher. Zu einiger
Vergütung des über 18,000 Mfl. betragenden Schadens wurde eine
Generalcollecte von Haus zu Haus im ganzen Herzogthum Gotha
vorgenommen. Wegen der damaligen Kriegsunruhen wurde sie
aber bis zum Jahre 1758 ausgesetzt. Durch Hagelschlag und Wasser=
fluth litt die Flur in den Jahren 1858 und 1868 (Montag vor
Pfingsten).

Als durch die revolutionären Bewegungen im Jahre 1848 auch
die Einwohner von Brüheim aufgeregt waren, wurde von den
Herren von Wangenheim und dem Rittergutsbesitzer Schleiß in
Brüheim freiwillig für immer ihren lehn= und erbzinspflichtigen
Dorfschaften 1) das Lehngeld von 10 auf 5 Proc. herabgesetzt und
die Ablösung desselben in Aussicht gestellt; 2) die Entrichtung der
Lehnwaare bei Vererbung von Grundstücken in aufsteigender und
absteigender Linie aufgehoben; 3) als höchster Betrag des Dienst=

---

¹¹⁶) A. Beck, Herzog Ernst II., 240. Vergl. Journal für Fabriken und
Manufacturen. Leipzig 1796. — ¹¹⁷) XX, II, 121 im H. u. St.

geldes von Gebäuden, mit denen keine Länderei verbunden ist, 1 Rthlr. bestimmt; 4) der sogen. Siegelthaler bei Kauf- und Tauschverträgen für wegfällig erklärt; 5) sämmtliche Naturalfrohnen unentgeltlich aufgehoben; 6) endlich das Schutzgeld für immer erlassen. Alle diese Verwilligungen sollten als nicht geschehen betrachtet werden, falls die gesetzliche Ruhe und Ordnung auf den Gütern durch die Lehensleute oder deren Angehörige gestört würden.

Pfarrer seit der Reformation:

Johann Salzmann 1542.

Andreas Helius (Helle) 1550. 1589.

Georg Herdan, † 1606.

Johann Christian Messerschmidt 1606, † 1612, vorher zu Liebenstein.

M. Georg Flabung 1612—1636.

Heinrich Mönnert 1636, † 1640, vorher zu Wenigen-Lupnitz. 1640—1646 ward Br. Filial von Nordhofen und Metebach.

Andreas Wandersleben 1647, † 1679.

Conrad Hochgesang 1679, † 1686.

Jacob Benedict Ludwig 1686—1690, kam als Diaconus nach Gotha, war vorher zu Laucha.

Johann Linck 1690—1692, vorher zu Mosen.

Johann David Baumeister 1692—1699, vorher zu Friedrichswerth, wurde Adjunctus zu Körner.

Heinrich Sebastian Fiedler 1699, † 1723, vorher zu Hausen.

Johann Carl Schmiedeknecht 1720, † 1750.

Andreas Voigt 1750, † 1770.

Georg Heinrich Pfitzner 1770, † 1780, vorher zu Stutzhaus.

Johann Anton Gottlieb Göring 1780, † 1804, vorher Diaconus zu Ichtershausen.

Heinrich Ernst Göring 1806, † 1816, vorher zu Eckardsleben.

Carl Gottlieb Ludwig 1816, † 1847.

August Heinrich Henne 1847, † 1860.

Bufleben.

Johann Friedrich Hellmund 1860—1866, kam nach Wangen=
heim.

August Wilhelm Ernst Werner 1866, vorher Diaconus zu
Ohrdruf.

Pfarrbesoldung: 32 Rthlr. baar, 387 Rthlr. Früchte, 253 Rthlr.
Grundstücksertrag, 34 Rthlr. Accidenzien, 30 Rthlr. Wohnung.

Kirchenvermögen: 6432 Rthlr., wovon 5000 Rthlr. Grund=
stückswerth.

Seelenzahl 1773: 374; 1816: 372; 1834: 422; 1843: 484;
1852: 450; 1858: 456; 1869: 474; 1871: 467.

Bufleben [118],

Bufleibin, Buffeleyben, Buffileiba, eines der ältesten
Dörfer im Lande, gelegen im Justizamte und Landrathsamte Gotha,
1 gute Stunde nördlich von Gotha entfernt, wurde früher ein
Küchendorf genannt, weil es für die fürstliche Hofküche alljährlich
Victualien, wie Speck, Hühner, Eier und dergleichen, liefern mußte.
Es liegt umgeben von den Dörfern Friemar, Remstedt, Molsch=
leben, Warza, Pfullendorf und Hausen; von Eschenbergen ist es
durch die Nesse getrennt. Bei Bufleben, nach Friemar und Molsch=
leben zu, entspringen 2 kleine Quellen, welche mitten im Dorfe sich
vereinigen und nach Pfullendorf zufließen. Im Dorfe selbst sind
viele Brunnen vorhanden. Die Einwohner nähren sich hauptsäch=
lich vom Ackerbau und von der Viehzucht. In neuerer Zeit gibt
die Saline Vielen Beschäftigung und Verdienst.

Als im Jahre 874 wegen des Zehnten in Thüringen zwischen
dem Abte Sigehard von Fulda und dem Erzbischofe Liubert von
Mainz Streit entstand, wurde derselbe vom Kaiser Ludwig II. zu
Gunsten Fulda's entschieden; unter die in der Urkunde namhaft
gemachten Orte gehört auch Bufleben [119].

Frühzeitig schon nannte sich nach dem Orte ein thüringisches

---

[118] Brückner, I, 4, 17. Galletti, III, 14. Ortschronik im Pfarrarchive.
— [119] Bd. I, 28. Schannat, Dioecesis Fuld., 239.

Adelsgeschlecht, die Herren von Bufleben, die über 200 Jahre ge=
blüht haben. In einer Reinhardsbrunner Schenkungsurkunde vom
Jahre 1109 (VI Id. Sept.) wird Eberwinus de Buffleiben unter
den Zeugen genannt [120]. Hermann von Ballstedt übergab im
Jahre 1283 eine Hufe Land in Bufleben dem Kloster Georgen=
thal [121]. Einige Zeit vorher war ein Ministeriale des Landgrafen,
Hartungus von Erpha, genöthigt, 2 Hufen in Bufleben, dem
Stifte Hersfeld lehnend, an den Abt Gerhard in Georgenthal zu
verkaufen. Mit Bewilligung des (ungenannten) Landgrafen macht
er dem Stifte 2 Hufen in Klein=Gottern (minori Guttirn) lehn=
bar. Die Urkunde ist ohne Datum, fällt aber in die Zeit von
1256—1264, wo Gerhard Abt in Georgenthal war [122].

Landgraf Albrecht übergab auf die Bitten seiner Gemahlin
Elisabeth dem Kreuzkloster zu Gotha das Gericht zu Bufleben mit
einem jährlichen Einkommen von 5 Mark (1303, V Nonas Julii) [123].
Von den letztgenannten 5 Mark sollten am Geburtstage der Land=
gräfin Elisabeth den Nonnen drei Gerichte nebst Wein, Bier,
Fischen und Semmeln gereicht werden.

Ritter Eckard, genannt von Hochheim, überläßt im Jahre 1305
zu seinem und seiner Gattin Andenken 1 Hufe in Bufleben dem
Kreuzkloster zu Gotha [124]; Apel von Utinrod und seine Brüder
Hermann und Tile verkaufen dem Augustinerkloster zu Gotha für
17 Pfund Pfennige einen ewigen Zins von 22 Schilling Pfenni=
gen und 1 Gans auf seinen Höfen und Gütern in Bufleben
(1327, Montags nach Judica) [125]. Später, im Jahre 1359, er=
warb dasselbe Kloster einen Erbzins von 3 Firding löthigen Sil=
bers auf ½ Hufe in Bufleben [126].

Heinrich Art, Praefectus und Bürger zu Gotha, verkauft dem

---

[120] Tentzel, 374. Schannat, Vindemiae, I, 111. Thur. S., 67.
Schultes, I, 225. — [121] Brückner, I, 5, 12 nota. Thur. S., 528. Schwar=
zes Copialb. f. 31, rothes f. 72b. — [122] Schwarzes Copialb. f. 31. —
[123] Sagittar, 110. Bd. II, 252. — [124] Copialb. f. 28. Sagittar, 114.
— [125] Copialb. f. 38b. Erbbuch, 127. — [126] Erbbuch, 127b.

Ihe und Kloster Georgenthal 2 Hufen Land und einige Höfe in Bufleben für 11 Mark (1331, XV Kal. Nov.) ¹²⁷). Dasselbe Kloster kauft im Jahre 1365 (in die Petri et Pauli) ½ Hufe in Bufleben für 15 Mark reinen Silbers gothaisches Gewicht von Albertus Kalwe und seinem Sohne Heinrich, Bürger in Gotha ¹²⁸). Heinricus de Buffleiben wird in einer Georgenthäler Klosterurkunde vom Jahre 1338 (III Kal. Aprilis) unter den Zeugen mit aufgeführt ¹²⁹). Weiter wird Conrad von Bufleben im Jahre 1292 (XVIII Kal. Maji) als Erbe einer Hufe in der Stadtflur von Gotha in einer Urkunde des Kreuzklosters zu Gotha genannt ¹³⁰). Hermann Alksit von Bufleben verkauft mit Bewilligung seiner Frau Margarethe, seiner Söhne Hermann und Eckard und seiner Tochter Barbara im Jahre 1350 dem Kloster Reinhardsbrunn 1 Vierding Silber oder so viel Pfennige für 9 löthige Vierding Silber von 1 Hufe Land in Bufleben ¹³¹). Derselbe Hermann Alksit verkauft dem Kreuzkloster zu Gotha einen ewigen Jahrzins von 4 gothaischen Maltern Weizen auf ½ Hufe in Bufleben für 5 Mark löthigen Silbers (1351) ¹³²).

Peter, Schulmeister zu Gotha, erkauft im Jahre 1376 ½ Mark Geldes jährlichen Zins auf einem Siedelhof zu Bufleben ¹³³). Ekhard Alksit von Bufeleuben erscheint als Zeuge in einer Urkunde des Augustinerklosters zu Gotha (1360, 8 Tage vor unserer Frauen Tag Lichtmeß) ¹³⁴). Werner von Witzleben (scultetus Gothanus) verkauft dem Kloster Reinhardsbrunn 3¼ Hufen Land zu Bufleben und 1 Hof daselbst für 74 Mark löthigen Silbers (1359, Sonntags vor Mitfasten). Ditericus Pincerna (Schenk) in Bedere gibt seine Einwilligung dazu ¹³⁵).

Das Kloster Reinhardsbrunn besaß verschiedene Zinsen in Buf-

---

¹²⁷) Schwarzes Cop. f. 31. — ¹²⁸) Original QQ, I d) 250 im H. u. St. Schwarzes Copialb. f. 31, rothes f. 244. — ¹²⁹) Brückner, II, 4, 17. Paullini Annales Isenac., 79. — ¹³⁰) Sagittar, 93. — ¹³¹) Möller, Reinhardsbrunn, 129. — ¹³²) Thur. S., 239. Copialb. f. 46ᵇ. — ¹³³) Rein, Thur. S., I, 139. — ¹³⁴) Copialb. f. 80. — ¹³⁵) Sagittar, 408. Möller, Reinhardsbrunn, 141.

leben. So haben die Brüder Gerlach und Heinrich, genannt
Gans, von Sichleben dem Kloster Zinsen von 8 Ackern und 1
Hufe in Bufleben für 9 Mark und 3 Vierdinge (fertones) über-
lassen (1348, in crastino omnium sanctorum, d. i. 2. Novbr.).
Bestätigt ward dieser Vertrag von Heinrich von der Tannen,
Richter im Gebiete von Gotha [136]). Ebenso verkauft Berlt von
Aschera, Bürger zu Gotha, dem Kloster im Jahre 1383 (am
St. Martinstage) verschiedene Zinsen in Bufleben. Hermann Schult-
heiß, Vogt zu Gotha, bestätigt diesen Verkauf als „Amtmann"
(1383, am St. Andreas-Tage) [137]). Auf die Ansprüche, welche
Burchard Schenke zu Bedern an Bufleben machte, verzichtete der-
selbe zu Gunsten des genannten Klosters (1393) [138]).

Bufleben gehörte mit zu den Orten, welche Geschoß nach Gotha
entrichten mußten, und zwar nach einer Urkunde Landgraf Friedrich's IV. des Friedfertigen vom Jahre 1421 auf 4 Hufen [139]).

Derselbe Landgraf Friedrich IV. hatte im Jahre 1421 der
Stadt Gotha das Vorrecht eingeräumt, daß alle Dörfer im Um-
kreise einer Meile von der Stadt — also auch Bufleben — nicht
selbst brauen, sondern ihr Bier in Gotha holen sollten [140]). Dieß
gab in der Folge Veranlassung zu wiederholten Streitigkeiten mit
den Dörfern, besonders auch mit Bufleben. Auf die öfteren Klagen
der Dörfer über diese Beschränkung gestattete Herzog Wilhelm von
Sachsen, zur Zeit der Kirmsen sollte ihnen nachgelassen sein, fremdes Bier zu verschenken; auch sollte jeder Einwohner zu seinem
Gebrauche selbst brauen, jedoch solches Hausbier nicht verschenken
dürfen [141]). Demungeachtet wollten die Busleber sich nicht fügen.
So geschah es, daß am Pfingstdienstage des Jahres 1524 gegen
das Privilegium der Stadt in Bufleben fremdes Bier verschenkt
wurde. Als die Gothaischen Bürger dieß erfuhren, zogen 40 bis
50 derselben aus Gotha, geharnischt mit Büchsen, Hellebarden und
anderen Waffen, nach Bufleben. Aber sie wurden von den Bauern

---

[136]) Möller, Reinhardsbrunn, 124. — [137]) Daselbst, 151. — [138]) Thur.
S., 2c. — [139]) Bd. II, 165. — [140]) Bd. I, 187. — [141]) Bd. II, 193.

zurückgeschlagen, kamen jedoch verstärkt wieder und richteten nun viel Unheil in der Schenke und den Bauernhäusern an, so daß „vil schwanger Frawen hefftig erschracken" [142]). Sie führten 2 Faß Bier mit nach Gotha, leerten sie dort und fingen an, ihren Groll an den verhaßten Priestern des Stiftes auszulassen. Dieser Aufstand ist unter dem Namen des „Pfaffenstürmens" bekannt [143]).

Demungeachtet, und obschon Herzog Johann Friedrich der Mittlere die widerspenstigen Dörfer im Jahre 1557 zur Ruhe verwiesen hatte, mußte Bufleben doch im Jahre 1565 unter Androhung von Strafe angewiesen werden, sein Bier nirgends anders als in Gotha zu holen [144]). Ein ähnliches Edict erließ Herzog Johann Casimir noch im Jahre 1624.

Ein Grenzstreit Buflebens mit Kindleben über das sogenannte Stubler Flurlein wurde im Jahre 1588 durch Schiedsrichter ausgeglichen [145]). Kindleben ward im Jahre 1795 nach Bufleben eingepfarrt.

Die Kirche ist alt und, wie aus einer eingehauenen Inschrift an der Seite gegen Mittag, da, wo die Grundsteine schließen, erhellt, im Jahre 1412 erbaut; sie wurde 1752 restaurirt. Eine alte Kapelle mitten im Dorfe, aus dem Jahre 1490 stammend, wird als Gemeinde-Backhaus benutzt. Es soll ehedem ein Kloster daran gewesen sein; die Gasse dabei heißt noch jetzt die Kirchgasse. Auf dem Kirchthurme hängen 3 Glocken, die große ist 1670 gegossen worden, an der mittleren findet man die Inschrift:

Olim fusa | In honorem beatissimae Mariae, | Nunc refusa | In honorem ejus, | In cujus nomine baptizamur. | CIƆIƆCCXLIX.

Auf der anderen Seite steht:

Allein zu Gottes Ehren
Will ich mich lassen hören.
Goß mich Mich. Paul Hahn zu Gotha.

Die kleine Glocke ist 1645 gegossen worden. In der Spitze des Thurmes hängt noch eine Seigerglocke.

---

[142]) Rathsarchiv, Repertor., no. 88. — [143]) Bd. II, 309. — [144]) A. Beck, Joh. Friedrich der Mittlere, I, 154. — [145]) Bd. II, 17.

Die Pfarrwohnung und das Schulgebäude sind alt, aber dauerhaft gebaut. Unter den Pfarrern zu Bufleben zeichnete sich Marcus Wagner durch seine Gelehrsamkeit aus. Sein Tractat vom Königreich Thüringen wird von den Geschichtschreibern Sagittar und Tentzel sehr geschätzt, selbst von Schöttgen, der ihn einen Bettelvogt und seine Briefe Bettelbriefe nennt. Als Anhänger des Flacius wurde er aber seines Amtes entsetzt [146]).

Das Dorf wurde in den Jahren 1567 und 1638 durch Krieg hart mitgenommen. Bei der Belagerung Gotha's im Jahre 1567 berechnete es seinen Schaden auf 11,070 Fl., und im Jahre 1638 waren von 600 Einwohnern, die es vorher hatte, nur noch 225, von 124 Wohnhäusern nur 55, von 50 Pferden nur 10, von 200 Stück Rindvieh nur 2, von 500 Schafen und 120 Schweinen kein einziges mehr vorhanden, nur 287½ Acker konnten über Winter bestellt werden.

Um zu verhüten, daß zum Nachtheile der Ortsbewohner zu viel Länderei der Bufleber Flur von Auswärtigen angekauft und der Bewirthschaftung der Insassen entzogen werde, wurde im Jahre 1788 auf Antrag der Gemeinde festgesetzt, daß künftighin kein Einwohner eines anderen Dorfes Länderei in der Bufleber Flur besitzen solle, der nicht zugleich mit einem Hause im Orte ansässig sei oder wenigstens eine der dort vorhandenen wüsten Hofstätten an sich bringe und binnen 3 Jahren bebaue. Dabei behielt sich jedoch die Landesregierung das Dispensationsrecht vor [147]).

Im Jahre 1851 wurde eine Industrieschule, 1854 eine Fortbildungsschule in Bufleben gegründet. Das Beichtgeld wurde 1859 abgeschafft und mit 36 Thalern jährlich fixirt. Die Zusammenlegung der Grundstücke in der Flur erfolgte 1866. Das bei weitem wichtigste Ereigniß für den Ort in neuerer Zeit war die Entdeckung eines Steinsalzlagers.

---

[146]) A. Beck, Joh. Friedrich d. Mittl. — [147]) Ministerial-Archiv zu Gotha, W, III b) 25.

Am 12. April 1824 wurde dem großherzoglich hessischen Hofrathe und Salinendirector Karl Christian Friedrich Glenck, aus Schwäbisch-Hall im Würtembergischen gebürtig (geb. 13. April 1779, gest. 21. Novbr. 1845), auf sein Nachsuchen die Genehmigung zum Aufsuchen von Steinsalz und Salzsoole und einer darauf zu gründenden Salinenanlage im ganzen Umfange des Herzogthums Gotha ertheilt. Dagegen mußte sich Glenck verbindlich machen, nach den ersten zehn Freijahren den Zehnten vom Bruttoertrage an den Staat zu entrichten. Nach längeren angestellten Bohrversuchen war der Unternehmer im Jahre 1828 so glücklich, 655 Fuß tief unter der Erdoberfläche ein reiches Steinsalzlager zu finden, und am 15. Juni wurde der Anfang mit dem Sieden gemacht. Die Entdeckung gereichte nicht bloß dem Orte zum größten Segen, sondern war für das ganze Land ein Ereigniß von der größten Bedeutung. Die Saline erhielt zu Ehren des Herzogs Ernst von Sachsen-Coburg-Gotha den Namen „Ernsthalle". Das gefundene Salz war frei von fremdartigen Bestandtheilen, ein reines Steinsalz von vorzüglicher Güte. Schon im ersten Jahre wurden täglich 80 Centner gewonnen.

Mit dem Besitzer dieser Saline, dem zum Oberbergrathe ernannten Glenck, wurde am 23. März 1834 ein Vertrag abgeschlossen, durch welchen ihm die Zusicherung ertheilt wurde, den Salzbedarf für das ganze Herzogthum Sachsen-Coburg, mit Ausnahme des Amtes Königsberg, nur von Bufleben zu beziehen. Glenck hatte nur dafür Sorge zu tragen, daß niemals Mangel eintrete. Die Tonne im Gewichte von 405 Pfund sollte mit 3 Rthlr. 16 Gr. baar bezahlt werden.

Ein neuerer Vertrag vom 21. Sept. 1839 bestätigte die früher gemachten Bestimmungen und setzte weiter fest, daß 7 Proc. vom Bruttoertrage für jedes einzelne Jahr, in welchem dieser letztere die Höhe von 32,000 Rthlr. nicht erreichen, dagegen 8 Proc. für jedes Jahr, in welchem die Brutto-Erlössumme 32,000 Rthlr. oder mehr betragen würde, an den Staat gezahlt werden sollten [146]). Die Gemeinde erhält jährlich von der Familie Glenck gegen 140 Rthlr. Rechtscanon.

Pfarrer seit der Reformation:

Johann Zahn, 1542, † 1559.

Marcus Wagner 1559—1567, abgesetzt, † 1597.

Jacob Antonius.

Alexius Gayer 1575, † 1584, vorher zu Eschenbergen.

Simon Fabricius (Faber), 1584, † 1627.

Johann Zierfuß 1627.

M. Andreas Werner (1647), † 1656, vorher zu Molsdorf.

Conrad Zahn 1656, † 1673, vorher zu Großfahner.

M. Johann Heinrich Arstenius 1674—1684, vorher Professor zu Gotha.

Volkmar Kirchner 1684—1697, vorher zu Wiegleben, wurde Landinspector, dann Superintendent zu Ichtershausen.

Johann Georg Thilo 1697, † 1738, vorher zu Schönau a. W.

Christian Heinrich Mahlung 1730, † 1763.

Georg Dan. Schubrof 1763—1765, wurde Hofdiaconus zu Gotha.

Johann Jacob Steubing 1765—1775, vorher Diaconus zu Zella, wurde Superintendent zu Tonna.

Ernst Christian Rudolf Buddeus 1775—1787, vorher Stiftsvicar zu Gotha, wurde Superintendent zu Ichtershausen.

Johann Christoph Zeyß 1787—1810, wurde Adjunctus zu Goldbach.

Johann Augustin Christian Catterfeld 1810—1835, vorher Diaconus zu Zella.

Carl Gottfried Richter 1835—1852, † 1857.

Moritz Reinhard, Vicar 1853—1858, kam nach Molsdorf.

Julius Kuntz 1859, † 1864, vorher zu Molsdorf.

Christian Thon 1865, vorher zu Friedrichswerth.

---

[146]) AA, VI d) 1 im H. u. St.

Pfarrbesoldung: 55 Rthlr. baar, 334 Rthlr. Früchte, 329 Rthlr. Grundstücksertrag, 30 Rthlr. Wohnung.

Kirchenvermögen: 6440 Rthlr., wovon 4685 Rthlr. Grundstückswerth.

Seelenzahl 1816: 358; 1834: 464; 1843: 510; 1852: 507; 1858: 540; 1869: 556; 1871: 561.

Burgtonna [119],

Dorf im Landrathsamte Gotha, zum Justizamte Tonna gehörend, 3 Stunden von Gotha, 1½ von Langensalza, 5 von Erfurt entfernt, liegt zwischen dem Flecken Gräfentonna und den Dörfern Ballstedt, Aschera und Eckardsleben und führt seinen Namen von den Besitzern, den Herren von Tonna, und der ehedem über dem Dorfe nach Ballstedt zu gelegenen Burg, von welcher aber jede Spur verschwunden ist. Der Boden, auf welchem die Burg gestanden, beträgt ungefähr 1 Hufe Land und zeichnet sich dadurch aus, daß es Freiland ist und keinen Decem, wie andere Ländereien, abgibt. Der Sage nach soll auf der Mitte des Landes ein Keller oder Gewölbe, noch von der Burg herrührend, sich befinden. Von der Burg weiß man weder die Zeit, wann sie erbaut, noch wann sie zerstört worden ist.

Das Dorf besitzt in seiner Flur 5876 Acker Land, darunter 597 Acker Holz, 57 Acker Wiesen und 57 Acker Feldgärten. Die Einwohner nähren sich vom Ackerbaue und von der Viehzucht; die Ländereien hat aber durch die vielen Ueberschwemmungen, denen sie ausgesetzt gewesen ist, sehr gelitten. Wiesen sind nicht ausreichend vorhanden; doch ist die Trift auf der dürren Koppellaite am Holze für die Schafe gut. Diese Schaftrift sichert der Gemeinde ein gutes Einkommen. Ein großer Theil der Ländereien ist Laitenland. Hopfen-, Waid- und Anisbau war ehedem ein Hauptnahrungszweig. Auch Wein wurde gezogen — noch jetzt heißen mehrere

---

[119] Brückner, I, 8, 42. Galletti, IV, 136. Ortschronik im Pfarrarchive.

Aecker die Weinberge —, aber dieß Alles hat seit langer Zeit aufgehört. Mit Wasser ist das Dorf hinreichend versehen: außer einem Bache, der in Ballstedt entspringt und weiterhin bei Gräfentonna die Tonna genannt wird, sind viele Brunnen vorhanden, das Wasser ist aber sehr tuffsteinhaltig. Der Bach treibt drei zu Burgtonna gehörige Mühlen, unter welchen die sogen. schöne Oelmühle früher zu einem Kloster gehört haben soll, wovon der dahinter liegende Berg den Namen „der Klosterberg" erhielt. Das dazu gehörige Land heißt noch jetzt des Oelmüllers Land. Zur Oelmühle gehörte ehedem auch ein Thurm. Von den beiden anderen Mühlen, der Ober= und Untermühle, liegt die erstere gleich über dem Dorfe, die andere im unteren Theile desselben, nach Tonna zu. Die Zinsen von diesen drei Mühlen verkaufte Heinrich Wendephaphe in Burgtonna dem Kloster Reinhardsbrunn (1337, VI Idus Decembris) [130]. Zwei dieser Mühlen überließ das Kloster gegen einige Korn= und Geldzinsen zu Pferdingsleben an die Grafen von Gleichen (1366, am Tage Mariä Magdalenä) [131].

Die ehemaligen Teiche, die die Namen „der Teichdamm" und der „alte Teich" führten, durch welchen letzteren der Aschenbach floß, sind nicht mehr vorhanden. Die Gegend ist für Geognosten von hohem Interesse, denn man findet hier viele merkwürdige Versteinerungen, die, wenn man sie in's Wasser bringt, dieselbe Wirkung haben wie ungelöschter Kalk. Im Jahre 1696 fand man in einem Sandhügel auf dem sogen. Anger das versteinerte Gerippe eines Mammuths, das man anfänglich für ein Einhorn hielt. Zum größeren Theile ist es in dem Naturaliencabinet auf dem Friedensteine zu Gotha aufbewahrt [132]; einzelne Theile waren bereits früher nach Erfurt, Leipzig und Arnstadt gekommen. Auf dem sogen. Deesenberge nach Aschera zu findet man allerlei bunte Kieselsteine, auch Marmor, Ammonshörner, Dendriten, versteinerte

---

[130] Thur. S., 229.   [131] Sagittar, Gleichen, 116. —   [132] Tenzel, Curieuse Bibliothek, 1704, S. 251. 698.

Krickeln, und an dem Felsen hinter dem Pfarrhause war der Eingang zu labyrinthischen Gängen, an deren Ende sich eine Kammer befand, in welcher Tisch und Bank in Sand gehauen waren [153]) und an deren Wänden Namen und Jahreszahlen (die älteste 1564) standen. Später ist dieser Eingang verschüttet worden. Unter den Steinarten befindet sich auch gutes Baumaterial, wie Mauer-, Pflaster- und Kalksteine, sowie Töpferthon und Lehm. Ein ganzer Berg führt den Namen „der Kalkberg", und es haben die Kalk- und Ziegelbrecher zu Gräfentonna das Recht, hier ihre Steine unentgeltlich zu brechen.

Ihr Bau- und Brennholz beziehen die Einwohner aus der in der Nähe befindlichen herrschaftlichen Waldung. Die sogen. Weiden im Grunde nach Eckardsleben zu, an der Reiffenheimer Flur, bestehend aus Erlen, Pappeln, Weiden, Eschen und Buschholz, gewähren nur wenig Brennmaterial.

Burgtonna besaß auch einige Freigüter, das sogen. Backhaus'sche, das Spitznas'sche und das Häfer'sche. (Noch sind 2 Güter in Burgtonna: das größere Backhaus'sche und das kleinere Michel'sche.) Bei dem letzteren befand sich eine alte Kemnote, ein steinerner Thurm, mit welchem der jedesmalige Besitzer belehnt wurde. Es gehörten dazu 3 Hufen Freiland, einige Erbzinsen und die hohe Lehnwaare. Zwei Brüder, die das Gut besaßen, kauften 3 Hufen sogen. Kapellenland dazu; die Häfer'schen Erben aber theilten es in vier Theile.

In der Burgtonnaischen Flur haben sich eine Menge besonderer Namen erhalten, welche angeführt zu werden verdienen [154]):

1) die Raßgrube, ein tiefer Platz am Holzberge, worin Laitenland liegt;

2) der Thiergarten, später ein Baumgarten, nach Gräfentonna zu, neben dem wilden Graben;

3) der Kalkberg im Felde nach Gräfentonna zu;

---

[153]) Dieß hat der Pfarrer Koch im Jahre 1863 bei einem Eindringen in den Gang nicht gefunden. S. die Ortschronik. — [154]) Brückner, I, 8, 51.

4) der **Hundegraben** vor dem Dorfe, da, wo der Schind=
anger war, nach dem Holze zu;

5) der **Egelsee**, tiefliegendes Laitenland nach Eschenbergen zu;
es sammelt sich dort bei heftigem Regen das Wasser, und man
findet darin Blutegel;

6) der **Mittel-** oder **Röthelberg** hinter dem Dorfe, an der
Grenze von Aschera, so genannt von dem Röthel oder rothen
Steine, der dort gefunden wird; dort liegt auch der Mittelbrunn;

7) der **Creuzberg** am Wege nach Gotha, nach dem Espich
zu, so genannt von dem Kreuze, welches in katholischen Zeiten dort
gestanden hat;

8) das **Ruhethal**, über der Oelmühle gelegen, soll vor Alters
Raubethal von den dort sich aufhaltenden Räubern geheißen haben;

9) das **Schießthal** bei der Oelmühle;

10) der **Schmiedeberg** hinter dem Dorfe, nach Aschera zu,
wo ein Fußsteig, der Eselsweg, ist;

11) die **Kalkgrube** an der großen Wagebrücke und an den
Weiden;

12) die **Wagen**, ehedem Wogde=Garten genannt, war ein
Weinberg nach Aschera zu; hier sollen Steinkohlen zu finden sein;

13) das **Stephansloch**, ein tiefes, vom Wasser gerissenes
Loch, wahrscheinlich nach dem ehemaligen Besitzer so genannt; es
ist jetzt mit Steinen und Erde zugefüllt;

14) der **Erffenberg**, ein Hügel an der Tennaischen Straße,
nach den Weiden zu, gehörte sonst den Herren von Erffa;

15) der **Kapellenberg**, von der ehemals dort gestandenen
Kapelle so genannt.

In dem Streite zwischen Fulda und Mainz wegen des Zehnten
in 116 thüringischen Ortschaften, der zu Gunsten des ersteren Klo=
sters entschieden wurde, im Jahre 874, wird auch Burgtonna ge=
nannt*). Das Kloster Reinhardsbrunn besaß schon im 12. Jahr=

---

*) Bd. I. S.

Burgtonna.

hunderte Besitzungen in Burgtonna; denn es vertauschte im Jahre 1189 Güter daselbst an den Landgrafen Ludwig III [156]). Siboldus und Berthogus von Thunna werden im Jahre 1230 als Zeugen aufgeführt in dem Verkaufsdocumente, welches die Grafen Ernst III. und Ernst V. von Gleichen beim Verkaufe des Dorfes Gräfenhain an das Kloster Georgenthal ausstellten [157]). Theodoricus de Thonna ist Zeuge in einer Reinhardsbrunner Urkunde vom Jahre 1237, in welcher Hermann von Salza drei Leibeigene dem Kloster Reinhardsbrunn überläßt [158]). Bertholdus de Thunna, miles, verkauft 1249 mit Bewilligung seiner Lehnsherren, der Grafen Ernst und Heinrich von Gleichen, dem Kloster Georgenthal einen Hof zu Pferdingsleben, damit er sich aus der Gefangenschaft befreie, in die er im Dienste seiner Herren zu Tonna gerathen war [159]). Magister Albertus de Thunna erscheint als Zeuge in dem Bündnisse des Grafen Albrecht von Gleichen mit der Stadt Erfurt (1277, in festo beati Michaelis) [160]).

Graf Hermann von Gleichen kaufte vom Landgrafen Friedrich zu Thüringen das Dorf Burgtonna mit allen Rechten im Dorfe und im Felde (1335) [161]). Vom Jahre 1339 ist noch ein Transsumt von Landgraf Friedrich's zu Thüringen Gunstbrief über Heinrich's von Teuteleiben Burgtonnaische Zinsen vorhanden [162]). Hermann von Burgtonna überläßt dem Grafen Hermann von Gleichen einen Siedelhof zu Burgtonna (1342, Sonnabends nach Ostern) [163]). Bei der Theilung der gleichischen Lande im Jahre 1383 (am Aller Heiligen Tage) fiel Burgtonna den Gebrüdern Grafen Heinrich und Hans zu [164]). Ritter Ditherich von Tonna, zu Burgtonna wohnhaft, überläßt 14 Acker Weinwachs zu Burgtonna dem Kloster Reinhardsbrunn (1386, Dienstags nach St. Martinstage) [165]). Jan von Tonna erscheint dabei als Zeuge. Derselbe Dietrich von

---

[156]) Thur. S., 92. — [157]) Sagittar, Gleichen, 80. — [158]) Thur. S., 112. — [159]) Sagittar, Gleichen, 83. — [160]) Daselbst, 66. — [161]) Das., 107. — [162]) QQ, I) E, 27 im H. u. St. Thur. S., 231. — [163]) Sagittar, Gleichen, 110. — [164]) Daselbst, 132. — [165]) Daselbst, 137. Thur. S., 157.

Thonnau, seine Gattin und Kinder verkaufen auch dem Augustiner=
kloster zu Gotha 1 Hufe Arthland in Burgtonna für 52 Schock
Meißener Groschen (1402, St. Cyriaci Tag) ¹⁶⁶). Im Jahre 1415
(Dienstag nach der heiligen 3 Könige Tag) ¹⁶⁷) wurden der Graf
Ernst und seine Vettern, die Grafen Friedrich und Adolf, vom
Landgrafen Friedrich dem Jüngern unter Anderem auch mit Burg=
tonna beliehen. Hedwig von Thunna wird im Jahre 1462 als
Priorin des Klosters Cölleda genannt ¹⁶⁸).

Nach dem Aussterben der Grafen von Gleichen kam das Dorf
1633 an die Schenken von Tautenburg und nach deren Absterben
an die Grafen von Waldeck, die es mit anderen Besitzungen im
Jahre 1677 an Herzog Friedrich II. von Sachsen=Gotha und
Altenburg verkauften ¹⁶⁹).

Die alte Kirche war der heiligen Cäcilie geweiht und wurde,
weil sie im untern Theile des Dorfes lag, die Unterkirche genannt,
im Gegensatz zu der ehemaligen Oberkirche im oberen Theile des
Dorfes an der Straße gelegen. Der Platz, wo sie stand, heißt noch
heutigen Tags der alte Gottesacker; eine Spur davon ist nicht
mehr zu finden, und schon im Jahre 1570 war sie so baufällig,
daß sie nur als Boden benutzt werden konnte. Ein Stein an der
Unterkirche trug folgende Worte eingehauen: Anno Dni MCCCCLXX
die Gertrudi Chorus hujus ecclesiae inceptus est edificando
P. Henr. Webb. Sie wurde reparirt und erweitert in den Jahren
1586, 1695, besonders 1733 und 1734. Sie besaß anfänglich ein
kleines Positiv, welches in Tennstedt im Jahre 1580 für 40 Fl.
erkauft und 1680 reparirt worden war. Eine Orgel erhielt die
Kirche erst 1717. Vor dem Altare liegt in Stein gehauen ein
Priester im Ornate mit der Umschrift: MDXIX. Johannes Vogler.
An der Kirche ist ein Thurm, auf welchem außer einer Zeiger=
glocke drei Glocken zum Läuten hängen; die große ist 1725, die
kleine 1567 gegossen; die mittlere aber rührte noch aus der Zeit

¹⁶⁶) Copialb. f. 37. — ¹⁶⁷) Sagittar, Gleichen, 337. — ¹⁶⁸) Thur. S.,
555. — ¹⁶⁹) Tentzel, 952. Bd. I, 347.

des Papstthums her, mußte aber 1864 umgegossen werden, weil sie gesprungen war. An eine ehemalige Kapelle, die an dem Wege nach Gräfentonna zu gelegen war, erinnern noch der Kapellenberg und 3 Hufen Kapellenland.

Die Pfarrwohnung brannte im Jahre 1637 ab und wurde 1659 neu aufgebaut; sie brannte aber 1671 wieder ab, und obgleich sie sofort wieder erbaut ward, brach man sie doch im Jahre 1719 ab und rückte sie weiter in den Hof hinein. Eine Hauptreparatur des Pfarrhauses in den Jahren 1863 und 1864 verursachte einen Kostenaufwand von 1276 Thalern. Auf dem Felsen hinter der Pfarrei, sowie unten am Felsen wurde ein kleiner Baumgarten angelegt. Einen Baum- und Grasgarten, etwa 1 Acker haltend, hat der Pfarrer vor dem Dorfe bei der Untermühle.

Burgtonna besitzt 2 Schulen, eine Knaben- und eine Mädchenschule; die erstere, im Jahre 1671 von der Gemeinde erbaut, wurde 1752 wieder abgebrochen und binnen 3 Jahren bequemer wieder aufgebaut. Die Mädchenschule wurde auch von der Gemeinde im Jahre 1728 erbaut und 1749 und 1751 auf Befehl des Oberconsistoriums zu Gotha erweitert. Dieselbe besitzt 2 Gärten, einen am Hause und einen größeren unten vor dem Dorfe, nach der Untermühle zu am Mühlwasser, wegen seiner spitzen Form die Spitze genannt. Im XVI. Jahrhunderte besorgte den Unterricht eine Lehrerin, die auch eine eigene Wohnung hatte, bis 1637 dieselbe abbrannte. Nach dem Tode der letzten Lehrerin, Barbara Lipprandtin, im Jahre 1681 ward der Unterricht dem Organisten oder Cantor übertragen, der zugleich die Gemeindebeschreiberei zu besorgen hatte. Im Jahre 1740 übernahm der Knaben-Schullehrer auch den Unterricht für die Mädchen. Eine neue Mädchenschule wurde neuerdings im Jahre 1845 erbaut. In den Jahren 1864 bis 1866 wurde ein neues massives Schulgebäude mit einem Aufwande von 6669 Thalern gebaut. Eingeweiht wurde dasselbe am 8. April 1866. Eine Reparatur des Elementarschulgebäudes im Jahre 1871 kostete 650 Thaler.

Burgtonna ist mehrmals von großen Feuersbrünsten, noch öfter aber von Ueberschwemmungen heimgesucht worden. Am 5. Decbr. 1637 entstand wahrscheinlich durch Verwahrlosung der gerade hier einquartierten Soldaten vom Rochau'schen Regimente eine Feuersbrunst, welche 36 Häuser, Ställe und Scheuern ungerechnet, in Asche legte. Der Schaden betrug 11,516 Thaler. Pfarr= und Schulgebäude brannten dabei mit nieder. Am 12. November 1663 brannten wieder 9 Häuser und 12 Scheuern, ohne die Ställe zu rechnen, nieder. Am 15. Mai 1671 wurden innerhalb 2 Stunden 35 Wohnhäuser, 20 Scheuern und 8 Ställe ein Raub der Flammen. Wieder entstand am 15. Juni 1765 eine Feuersbrunst [170]), durch welche 25 der besten Häuser vernichtet wurden. Der Verlust betrug 10,670 Mfl. Zur Unterstützung der Abgebrannten wurde eine Generalcollecte von Haus zu Haus im ganzen Lande veranstaltet.

Noch häufiger und gefährlicher als die Feuersbrünste sind für Burgtonna die Wasserfluthen gewesen. Am 17. Mai 1558 war eine so gewaltige Ueberschwemmung, daß 46 Personen ertranken; im Pfarrhofe stand das Wasser 10 Fuß hoch; gegen 40 Häuser wurden theils niedergerissen, theils vollständig ruinirt [171]). Am 24. Juli 1702 entstand ein Gewitter, nach welchem das Wasser bis in die Kirche drang und die Kirchbrücke abriß. Am 28. August 1728 fielen Schloßen, von denen mehrere 1½ Pfund schwer waren. Häuser und Feldfrüchte litten bedeutenden Schaden. Noch größeren aber brachte die Fluth vom 8. August 1748. Wieder am Pfingstheiligenabend 1749, dann 1760, 1762 thaten Ueberschwemmungen nicht geringen Schaden. Besonders auffallend ist es in neuerer Zeit gewesen, wo fast jedes Jahrzehent die Wasserfluthen dem Orte verderblich wurden. So 1815, in den vierziger Jahren zweimal, ferner 1850. Am 25. August 1858 entlud sich in Burgtonna eine Wasserhose. Mauern, Geländer, Thore wurden niedergelegt, große

---

[170]) XX, II, 143 im H. u. St. — [171]) Olearius, Syntagma rerum Thuringicarum, I, 348.

hölzerne Standsäulen brachen und wurden theilweise 10 Schritte weit fortgeführt. Im Pfarrhause stand das Wasser 6 Fuß hoch; ein Wall von Schloßen, 6 Fuß hoch und ebenso breit, ging durch den ganzen Hof hindurch. In der Kirche stand das Wasser noch am folgenden Tage 2 Fuß hoch. Auf dem Gottesacker waren alle neuen Gräber 1½ Fuß tief eingesunken. Auf der Ostseite des Dorfes waren mehrere früher gebrauchte Steinbrüche, die längst gänzlich verschüttet waren, so daß man auf der Oberfläche Getreide baute, bautief eingesunken. Der Verlust an Vieh war geringer als zu erwarten stand. Etwa 100 Stück Hühnervieh, 2 Kühe, 6 Schweine, 6 Ziegen kamen um. Der größte Theil des Sommerfeldes war ganz verhagelt, das Brachfeld von der Fluth arg mitgenommen; die Obst- und Futterernte war gänzlich vernichtet, die Wiesen verschlämmt und mit Steinen übersäet [172]).

Es verdient auch noch bemerkt zu werden, daß die Pest hier öfters gewüthet hat. Im Jahre 1582 starben 205, 1597 194, 1625 209 und in den Jahren 1636 und 1637 146 Personen. Durch diese bedeutenden Unglücksfälle nahm die Gemeinde sowohl an Häuser- wie an Einwohnerzahl sehr ab, und noch findet man mehrere Ländereiegrundstücke, unter welchen sich Kellergewölbe befinden.

In neuester Zeit (1862) wurde das Beichtgeld gegen eine jährliche Entschädigung aus der Gemeindekasse abgeschafft, auch das Lehngeld und die Gelderbzinsen bei der Kirche und Pfarrei abgelöst. Die sogen. Koppellaite, ein wüster Platz, wurde im Jahre 1844 vermessen und zwischen den Gemeinden Ballstedt, Burgtonna, Döllstedt und Eschenbergen nach Verhältniß ihres Schaf- und Rindviehbestandes vertheilt. Die Gemeinde Burgtonna erhielt 83 Acker, über deren Vertheilung sie sich dahin vereinigte, daß jeder hierzu für fähig erklärte Ortsnachbar (an der Zahl 132) ½ Acker zu lebenslänglicher Benutzung erhielt, wofür er jährlich an die Gemeinde-

---

[172]) Ausführlich in der Ortschronik beschrieben.

kasse 1 Thaler zu zahlen hat, und daß die übrig bleibenden 17 Acker von der Gemeinde verpachtet wurden, der Acker zu 5 bis 8 Thaler. Dadurch flossen jährlich ungefähr 240 Thaler in die Gemeindekasse. Im ersten Jahre wurden ungefähr 5200, im zweiten (1846) ungefähr 4000 Säcke Kartoffeln und außerdem Hafer, Waid und Gerste geerntet. Die drei andern Gemeinden benutzten ihre Antheile noch zur Schafweide. Die Zusammenlegung der Grundstücke in der Flur von Burgtonna wurde im Jahre 1865 vollendet. Die Zahl der zur Pfarrländerei gehörigen Aecker ging auf etwa 92 Acker zurück.

Pfarrer seit der Reformation:

Heinrich Vogler, † 1519.

Simon Christiani, genannt Kersten oder Kerstan, 1568.

M. Jeremias Säuberlich 1569—1594, wurde Adjunctus zu Gräfentonna.

M. Christoph Mengewein 1594, † 1605.

Christoph Sperber 1605, † 1613.

Johann Mengewein 1613, † 1626.

Ludwig Poppo 1625, † 1659, vorher Diaconus zu Gräfentonna.

Johann Michael Langenhahn 1659, † 1665, vorher Diaconus zu Gräfentonna.

Johann Heinrich Frömmichen 1665, † 1693, vorher Diaconus zu Gräfentonn.a

Johann Justin Hofmann 1693, † 1718, vorher zu Bienstedt.

Johann Emanuel Lämler 1718—1724, wurde Adjunctus zu Goldbach.

M. Johann Christian Ludwig 1724—1732, wurde Adjunctus zu Molschleben.

M. Georg Grosch 1732—1738, vorher zu Hohenkirchen, wurde Adjunctus zu Friedrichroda.

Johann Friedrich Jacobs 1738, † 1743, vorher Pfarrsubstitut in Gräfentonna.

Jacob Sigmund Hartung 1743—1751, vorher zu Cobstedt, wurde Adjunctus zu Molschleben.

Johann Christian Härter 1751, † 1788, vorher zu Aschera.

Christian August Härter 1788—1797, wurde Adjunctus zu Molschleben.

Friedrich Ortleb 1797, † 1829 (ermordet).

Johann Christian Luther 1829—1851, † 1861.

Theodor Gerlach, Pfarrsubstitut 1852—1856.

Carl Wilhelm Koch, Pfarrsubstitut 1856—1863, kam nach Remleben.

Johann Friedrich August Trostbach 1863—1872, vorher zu Cabarz, nachher zu Gräfentonna.

Hermann Debes 1873.

Pfarrbesoldung: 31 Rthlr. baar, 448 Rthlr. Früchte, 375 Rthlr. Grundstücksertrag, 38 Rthlr. Holz, 46 Rthlr. Accidenzien, 30 Rthlr. Lehnung.

Kirchenvermögen: 4304 Rthlr., wovon 70 Rthlr. Grundstücks-werth und 3213 Rthlr. Rentenwerth.

Seelenzahl 1816: 513; 1834: 607; 1843: 653; 1852: 660; 1858: 657; 1869: 734; 1871: 748.

Burla [113],

kleines Dorf, zum Justizamte Wangenheim zu Friedrichswerth im Landrathsamte Waltershausen gehörend, ist ein Filial der Kirche zu Sättelstedt, von welchem es ¼ Stunde nordostwärts entfernt liegt. Es soll von der englischen Königin Reinschwig im Jahre 1143 angelegt worden sein.

Die Einwohner treiben hauptsächlich Ackerbau, aber es sind nur wenig Wiesen vorhanden, nämlich der Querbach, die heiligen Wiesen, der Ober- und Unter-Hofler, der Nußbach. Huth und Trift sind gleichfalls nur mittelmäßig. Die Gemeindegüter bestehen aus 96

---

[113] Brückner, II, 12, 33. Galletti, III, 174.

Acker Holz, welche über Sondra liegen. Die Gerichte in Sondra gehörten den Herren von Hopfgarten, bis sie im Jahre 1839 an den Staat abgetreten wurden ¹⁷⁴).

Die Kirche ist sehr alt, ebenso der Thurm, und man weiß nicht, wann sie erbaut worden sind. Auf dem Thurme hängen zwei Glocken, von denen die größere 1737 zersprang und umgegossen wurde, die kleine ist sehr alt. Im Jahre 1870 wurde in der Kirche eine neue Orgel aufgestellt.

Bei der Zusammenlegung der Burlaer Flur im Jahre 1868 erhielt die Pfarrei statt der früher innegehabten 60 Acker 68,3 □.-R. nur 54 Acker 128 □.-R. zugetheilt. Das Beichtgeld ist 1862 firirt worden. Am Kirchweihfeste (6. November) 1871 wurde zum Andenken an den glücklich beendigten französischen Krieg eine Friedenseiche gepflanzt.

Kirchenvermögen: 295 Thlr. Kapital.

Seelenzahl 1816: 97; 1834: 110; 1843: 113; 1852: 115; 1869: 121; 1871: 123.

Caberz [175]),

Cabarz, Kabarz, Dorf, 1 Stunde von Waltershausen, 1 St. von Friedrichroda, 4 St. von Gotha und ebenso weit von Eisenach, westlich an Fischbach, östlich an Groß-Tabarz, nördlich an Klein-Tabarz und Langenhain grenzend, im Landrathsamte Waltershausen, zum Justizamte Tenneberg gehörend. Der Ort soll seinen Namen von Kauf-Erz (Caw erp) ebenso wie Tabarz von Taub-Erz erhalten haben, weil die ehemaligen Bergwerke um Cabarz ergiebig, die um Tabarz taub und unbrauchbar gewesen sein sollen. Er liegt in einer reizenden, fruchtbaren und gesunden Waldgegend, in welcher es jedoch an einem fließenden Gewässer fehlt; doch sind gute Spring- und Ziehbrunnen vorhanden. Die Wiesen sind gut und reichlich vorhanden, die Trift ist aber wegen der Berge schlecht.

---

¹⁷⁴) JJ, XIII im H. u St. — ¹⁷⁵) Brückner, III, 11, 1. Galletti, III, 223.

Die Einwohner nähren sich hauptsächlich von der Wald- und Holzarbeit, vom Handel und Fuhrwesen.

Die ältesten Besitzer von Caberz, die man kennt, waren die Herren von Laucha. Im Jahre 1400 (Montag vor St. Margarethentag) verkauften Betz (Apitz oder Albrecht) und Fritz von Laucha die Dörfer Caberz und Taberz mit allen Zinsen und Gerichten für anderthalb hundert und fünf Schock Groschen Freyberger Münze, doch behielten sie sich das Halsgericht vor [116]). Der Abt und Convent von Reinhardsbrunn bestimmten hierauf das Dorf zu einer jährlichen Spende für die Armen (1406, in die S. Crucis exaltationis) [117]).

Die Gemeinde besitzt ein Gehölz, der Gemeinde-Höck genannt, über dem Dorfe vor dem Hüfelberge liegend. Auch hatte sie unter Herzog Johann Friedrich dem Mittleren mit Taberz zugleich das Recht erlangt (Weimar, Montags nach Galli 1561), „das dürre und faule Holz in der herrschaftlichen Waldung aufzulesen und heimzufahren, sowie nothdürftig Bauholz den Armen und Unvermögenden umsonst, den Reichen aber gegen halbe Bezahlung zu geben". Unter Herzog Ernst I. dem Frommen wurde ihnen aber (9. Juli 1658) nur der dritte Theil der Holztaxe, wie es observanzmäßig war, erlassen [118]). Herzog Johannes von Weimar († 1605) verlieh den Dörfern Caberz und Taberz die Braugerechtigkeit. Dadurch kamen sie aber mit der Stadt Waltershausen in Streit und Proceß, der erst im Jahre 1748 durch einen Vergleich beigelegt wurde, in welchem den beiden Dörfern gegen Zahlung von 3000 Mfl. die Braugerechtigkeit zugestanden wurde [119]). Im Jahre 1769 erlangte die Gemeinde zu Caberz auf ihre dasige Herberge die Concession der Gasthofsgerechtigkeit [180]).

Zur Zeit der Reformation war in Caberz nur eine Kapelle vorhanden, welche, ebenso wie die in Taberz und Langenhain, von

---

[116]) Thur. S., 158. — [117]) Daselbst, 162. — [118]) Landrathsamt Waltershausen, Loc. 16, no. 1. — [119]) TT, II b) 10 im H. u. St. —
[180]) TT, III i) 7ᵃ im H. u. St.

Waltershausen aus bedient wurde. Im Jahre 1536 wurden aber die genannten Orte in kirchlicher Beziehung von Waltershausen getrennt; sie erhielten in Langenhain einen besonderen Pfarrer. In Caberz mußte derselbe einen Sonntag um den anderen predigen. Erst im Jahre 1650 erhielt Caberz einen eigenen Pfarrer durch Herzog Ernst den Frommen, und Groß- und Klein-Taberz wurden in die dortige Kirche eingepfarrt, Fischbach aber als Filial dazu geschlagen. Als Pfarrhaus wurde ein Privathaus eingerichtet, welches um 277 Mfl. erkauft wurde. Man reparirte dasselbe in den Jahren 1709 und 1712, aber in den Jahren 1831 bis 1834 erbaute man eine neue Pfarrwohnung.

Die Kirche wurde, als sie zu klein geworden war, abgebrochen (1660) und eine neue gebaut. Bei dem großen Brande am 1. November 1669 brannte sie sammt der Schulwohnung und 16 Privathäusern und 3 Scheuern nieder. Der Wiederaufbau in den Jahren 1670 bis 1673 geschah auf gemeinschaftliche Kosten der theilhabenden Gemeinden. Eine Orgel wurde erst 1713 beschafft, eine neue Kirchstuhlordnung 1864 eingeführt, das Beichtgeld 1862 abgeschafft und fixirt.

Auch der Thurm wurde nach dem Brande neu aufgeführt und am 13. September 1673 der Knopf aufgesetzt. Auf dem Thurme hängen 3 Glocken, die größere ist 1608, die mittlere 1739, die kleine 1680 gegossen. Eine kleine Zeigerglocke in der Spitze enthält die Jahreszahl 1670. Der Gottesacker ist im Jahre 1738 erweitert worden.

Die abgebrannte Schulwohnung ist im Jahre 1670 von den Gemeinden Caberz, Klein-Taberz und Nennenberg neu hergestellt worden. Eine neue zweite Schule ward am 22. April 1869 eingeweiht; die Kosten des Baues derselben betrugen etwa 6000 Thlr.

Im Laufe des dreißigjährigen Krieges hatte Caberz vom Steinbock'schen Regimente viele Bedrückungen und Ungemach zu erdulden. Es wurde rein ausgeplündert, alles Vieh fortgetrieben und Weiber und Kinder nicht verschont [181]).

---

[181]) A. Beck, Ernst der Fromme, I, 195.

Ueber dem Dorfe standen in alten Zeiten zwei Bergschlösser, die Lichtenburg und die Stolzenburg. Die Berge, auf welchen diese Burgen gestanden, heißen der Leuchtenberg und der Stolzenberg, später der Keller genannt. Die Burgen sind vermuthlich schon in der Mitte des XVI. Jahrhunderts zerstört worden [182]).

Zwei Stunden bergaufwärts nach Süden zu liegt
der Inselsberg [183]),

der schönste Berg des ganzen Thüringer Waldes, 2855 Fuß hoch, der seinen Namen wahrscheinlich von dem an seiner nordwestlichen Seite entspringenden Bache Emse, der ursprünglich Ense (Ensis) hieß, hat. Der Name Enzenberc kommt schon im dreizehnten Jahrhunderte in dem Gedicht vom Wartburgkrieg vor an der Stelle, wo Klingsor Wolfram von Eschenbach den Teufel Nasion entgegenstellt. Die Ableitung von einzeln — in der Volkssprache enzeln —, daher Enzelberg, Inselberg, scheint verfehlt zu sein. Veit Ludwig von Seckendorf, der ihn, damals 23 Jahre alt (1649), in einem besondern Gedicht besang, das neben vielen Abgeschmacktheiten auch manche schöne Stelle enthält [184]), nennt ihn Heunselberg und leitet den Namen von den Hunnen ab, weil hunnisch oder heunisch bei den alten Thüringern so viel wie groß, ungeheuer bedeute. Auch der Bibliothekar Meyer und der Amtmann Suppius haben den Berg besungen. Man genießt von seinem Gipfel aus eine weite prachtvolle Aussicht, südlich bis weit in das bayrische Gebirge, nördlich bis zum Brocken und nach Braunschweig hinein, östlich bis nach Meißen und Halle. Der Berg ist schon zu Herzog Ernst des Frommen Zeiten zu einem „loco optico", also zu Vermessungen benutzt worden. Herzog Ernst besuchte ihn öfters und ließ 1649 auf dem höchsten Punkte ein thurmähnliches Haus erbauen.

---

[182]) Brückner, III, 11, 59. — [183]) Daselbst, I, 11, 60. Galletti, III, 70. Polack in der Zeitschrift für thüringische Geschichte. Jena 1867. VII, 205. — [184]) Rudolphi, G. D., II, 290.

Ueber den Gipfel des Inselsbergs geht der sogen. Rennstieg, der wahrscheinlich ehedem die Grenze zwischen Thüringen und Franken bildete [185]. In seiner Nähe, südlich unter dem Inselsberge, nach dem Jagdsberge zu liegt eine Wiese, welche das „Amt" genannt wird, aus welcher Bezeichnung vielleicht geschlossen werden kann, daß hier amtliche Verhandlungen über Jagd= und Grenz= streitigkeiten zwischen den Landgrafen von Thüringen und den Grafen von Henneberg gepflogen worden seien.

Das thurmartige Haus wurde im Laufe der Zeit baufällig und ist seit 1836 nicht mehr vorhanden. An seiner Stelle steht eine 20 Fuß hohe Thurmwarte, die eine herrliche Aussicht gewährt. Herzog Ernst II. von Sachsen=Gotha und Altenburg ließ einen Pferdestall bauen und Herzog August 1811 südöstlich von dem alten Hause ein einstockiges Wohnhaus, welches einem Forstbedienten zur Wohnung diente, der zugleich Waldwart und Wirth war. Die Zunahme fremder Besucher des Thüringer Waldes hat zum Baue des neuen geräumigen Gasthauses auf gothaischer Seite im Jahre 1851 geführt, sowie die kleinere Wohnung auf früher hessischer Seite für den Wegwart und Forstschutzsoldaten noch besteht.

Pfarrer seit der Reformation:

(Bis zum Jahre 1650 war Caberz ein Filial von Langenhain.)

Andreas Erlemann 1650—1664, vorher zu Clettbach, kam nach Oldisleben.

August Leonhardi 1664, † 1698, vorher zu Stolzen.

Hiob Ritter 1697, † 1746.

Johann Christoph Ritter 1736—1754, wurde Adjunctus zu Friedrichroda.

Georg Gottlieb Jacobi 1754, † 1795.

---

[185] Alex. Ziegler, der Rennstieg. Dresd. 1862. Brückner, der Rennstieg in seiner historischen Bedeutung, oder: War das obere Werra- und Mainland jemals thüringisch? In den „Neuen Beiträgen zur Geschichte des deutschen Alterthums, 3. Lieferung. Meiningen 1867. A. Röse, der Rennsteig als Markzeichen des Thüringer Waldes, im „Ausland", 1868, no. 36 ff.

Friedrich Christian Gorkhard 1795—1805, wurde Diaconus zu Gotha.

Georg Heinrich Kirsten 1806—1821.

Christian Benjamin Fritsch 1822—1834.

Johann David Köllein 1835, † 1855.

August Trostbach 1856—1863, kam nach Burgtonna.

Jacob Kirchner 1863—1871, kam nach Gräfenroda.

Guido Thielemann 1871, vorher Subdiaconus zu Gotha.

Pfarrbesoldung: 105 Rthlr. baar, 87 Rthlr. Früchte, 18 Rthlr. Grundstücksertrag, 67 Rthlr. Holz, 85 Rthlr. Accidenzien, 30 Rthlr. Wohnung.

Kirchenvermögen: 533 Rthlr. Kapital.

Seelenzahl 1816: 546; 1834: 634; 1861: 783; 1869: 913; 1871: 826.

Catterfeld [136]),

Katterfeld, Katervelt, Caterfeld, Katyrveylt, Dorf südwestlich von Georgenthal, ein Filial von Altenbergen, im Landrathsamte Waltershausen, zum Justizamte Tenneberg gehörend, an einem Berge gebaut, der, in alter Zeit Kaltheberg genannt, jetzt „Ziegelberg" heißt. Ein Theil dieses Berges nach Osten zu heißt der Wachhöck, d. h. Wachthügel, weil im dreißigjährigen Kriege ein Wachthaus auf demselben stand, um den Einwohnern beim Heranrücken von Feinden Nachricht zu geben. Nach Süden zu lag der Claussen-Hain, in welchem sich ein rother Steinbruch befindet, nach Westen zu der Johannisberg, auf welchem ehedem die Johanniskirche stand. Das Dorf ist umgeben von den Dörfern Hohenkirchen, Altenbergen, Engelsbach, Finsterbergen, Tambach und Schönau und ist wohl ebenso alt wie Altenbergen. Seinen Namen soll es der Sage nach von einer Katharina erhalten haben, die hier ein Stück Feldes besaß, welches nach ihr das Katharinen-

---

[136]) Brückner, I, 2, 131. Galletti, III, 246.

feld oder Katterfeld genannt wurde, und deren Haus beim sogen. Schöpfbrunnen stand. Im Munde des gemeinen Mannes wird der Name Katharina noch heutigen Tages in „Kätter" abgekürzt.

Die Gemeinde besitzt nicht viel Länderei, hat aber für ihr Vieh gute Weide und Trift und außerdem ziemlich viel Holz, ist auch reich an Wasser; denn außer dem Fließwasser beim Dorfe, welches unter Altenbergen in die Leine fällt, hat es einen vortrefflichen Springbrunnen, der **Büschelsbrunnen** genannt, der im Jahre 1733 bis an die Weyhers=Wiese geleitet worden ist, ferner den **Schöpfbrunnen**, bei welchem das Katharinenhaus gestanden haben soll, endlich den Schwengelbrunnen und verschiedene Ziehbrunnen. Eine Mühle ist in Catterfeld nicht vorhanden, und die Einwohner müssen ihr Getreide in Georgenthal mahlen lassen. Von Waldarbeit und Fuhrwerk nähren sich die meisten Einwohner. Man vermuthet, vielleicht nicht mit Unrecht, daß die um Catterfeld gelegenen Berge reich an Erzen sind.

Das Dorf gehörte zu den Besitzungen, welche Graf Ludwig mit dem Barte im Jahre 1036 von den Grafen von Kefernburg erwarb [147]). Die Landgrafen von Thüringen traten es an das im Fuldaischen gelegene Kloster Hünefeld ab; das Stift Fulda hatte die Lehnsgerechtigkeit, die Landgrafen aber die Schutz= und Schirmgerechtigkeit (advocatia) [148]). Vom Landgrafen Hermann erwarb Bertochus de Wangenheim das Dorf mit seinem Gebiete, die Schutzgerechtigkeit aber wurde dem Sohne des Bertochus, Ludwig, übertragen; dieser aber, weil er als Ministeriale des Stiftes Fulda oft fern gehalten ward, übertrug sie wieder an Hartmann und Ortwin von Günthersleben, behielt sich jedoch das Eigenthumsrecht vor [149]).

Einen Theil des Dorfes, der Hagen genannt, verkauften Bertochus nebst seiner Gemahlin Agnes und seinem Sohne Ludwig an die Klosterkirche zu Georgenthal für 20 Mark Silber, den übrigen

---

[147]) Möller, Reinhardsbrunn, 3. — [148]) Thur. S., 477. — [149]) Das., 177. Brückner, I, 2, 135. III, 4, 44.

Theil aber Ludwig von Wangenheim für 112 Mark Silber an
dasselbe Kloster mit Genehmigung des Abtes Heinrich zu Fulda [100]).
Die Schutzgerechtigkeit war wieder an das Stift zu Fulda gefallen,
wahrscheinlich aber nur pfandweise, denn Ludwig von Wangenheim
löste sie wieder mit 15 solidi ein. Den Gebrüdern von Günt-
thersleben als substituirten Vögten überließ das Kloster lebens-
länglich diejenigen Ländereien, welche sie bereits gegen einen Jahrzins von 15 solidi 30 Denaren an das Stift inne hatten. Davon
waren 2 Hufen an einen gewissen Hartmann verpachtet. Die Gemeinde zu Günthersleben hatte die Mitbenutzung der Waldungen,
einen Zins von Hopfen, 30 Denare an Werth, an das Kloster zu
Hünefeld; der Zins wurde ihm erlassen. Kaiser Heinrich VI. gab
auf die an ihn deshalb ergangene Bitte seine Zustimmung mit der
Bemerkung, daß die Güter in die Hände des Grafen Günther von
Kefernburg und seiner Söhne Heinrich, Günther und Ludolf
gelegt worden seien, um sie dem Kloster ewig zu erhalten (als
dessen Vögte), bei Strafe von 50 Mark Goldes, halb an die kaiser-
liche Kammer, halb an das Kloster, für den Gegner, er sei geistlich
oder weltlich (Wormatia, VII Idus Dec. 1195) [101]). Abt Heinrich
von Fulda gab dazu seine Einwilligung (1196, XIII Kal. Febr.,
Vulde in novo monte) [102]). Endlich bestätigen Ludewicus de
Wangenheim und sein Sohn Ludewicus nicht nur den Verkauf
der Güter in Hagen und Catterfeld nebst Gebiet durch ihre Vor-
fahren, sondern auch den Verkauf von 7 Höfen in Banre und
ihrer Güter in Utensberg (1219) [103]).

Von jeher ist Catterfeld in die Kirche zu Altenbergen eingepfarrt gewesen. Durch die Säcularisation der Klöster zur Zeit der

---

[100]) Brückner, I, 2, 134. — [101]) Original QQ, I d) 7. 8. 9 im H. u.
St. Schwarzes Copialb. f. 76, rothes f. 9. Thur. S., 478. 519. Rudolphi, G.
D., II, 250. Schultes, II, 375. v. Wangenheim, Reg., 21. Brückner, I, 2,
134. — [102]) Schwarzes Copialb. f. 76b, rothes f. 11. Thur. S., 477. 519.
Brückner, I, 2, 133. v. Wangenheim, Regesten, 23. — [103]) Orig. QQ, I d)
17. Schwarzes Cop. f. 79b, rothes f. 368. Brückner, I, 12, 22. v. Wangenheim, Regesten, 30.

Reformation kam das Dorf an das Haus Sachsen und wurde unter das Amt Georgenthal gestellt. Herzog Ernst der Fromme begnadigte die Einwohner mit der Braugerechtigkeit zu dem Zwecke, von den Einkünften derselben eine eigene Schule zu bauen und einen Schullehrer zu besolden. Im Jahre 1657 kam der Bau eines Schulhauses zu Stande und im Jahre 1686 wurde dasselbe verbessert. In neuester Zeit (1865) ist eine zweite Schule gegründet worden, vorher (1854) wurde schon eine Fortbildungs- und Gewerbeschule eingerichtet. Die Accidenzien bei Casualfällen für den Schullehrer wurden im Jahre 1837 durch eine jährliche Entschädigung von 10 Rthlrn. aus der allgemeinen Kirchenkasse abgelöst. Auch das Beichtgeld ist seit 1862 abgeschafft.

Von bedeutenderen Unglücksfällen, welche den Ort betroffen hätten, ist nichts bekannt; nur im dreißigjährigen Kriege wurde den Einwohnern (29. Juni 1640) alles Vieh im Walde von den Soldaten geraubt, und 1639 lagen von 72 Häusern, welche der Ort besaß, 33 wüst.

Seelenzahl 1697: 397; 1745: 505; 1779: 428; 1816: 451; 1819: 438; 1834: 539; 1843: 589; 1852: 670; 1858: 666; 1869: 779; 1871: 780. — Häuserzahl 1640: 72; 1780: 114; 1819: 115.

Cobstedt [104],

Kobstädt, Cobinstete, ein altes Dorf im Landrathsamte Gotha, zum Justizamte Gotha gehörend, 2¼ Stunde östlich von Gotha und ebenso weit von Erfurt und Arnstadt entfernt, liegt zwischen den Dörfern Groß-Rettbach, Tüttleben, Seebergen und Grabsleben. Zwei Bäche, der Rettbach und die Reda, fließen am Dorfe vorbei und ergießen sich bei Wandersleben in die Apfelstedt. Das Dorf gehört zu den sogen. Freiwalddörfern und hatte seine Holzgerechtigkeit im Georgenthäler Forste, namentlich in der Birken-

---

[104]) Brückner, II, 1, 22. Galletti, III, 48. Ortschronik im Pfarrarchive.

hüte, dem Rüsters-Heyck, dem Hangweg, dem Gleichischen Geheu, dem Thiergarten, dem Langenberge, dem Schneckenbache und dem Lauter-Thale. Auf diesem Forste bekamen die Einwohner von Cobstedt freies Holz zum Brennen und Bauen gegen das übliche Hau- und Anweisegeld und Waldmiethe. Die Malz- und Braugerechtigkeit erhielten die Einwohner durch Herzog Ernst den Frommen. Es wird erzählt, daß dieser Herzog einst nach Cobstedt kam und nach einem Labetrunke verlangte, denselben aber nicht erhalten konnte, und in Folge davon soll er dem Orte die Malz- und Braugerechtigkeit geschenkt haben.

In den ältesten Zeiten waren die Herren von Cobstedt Eigenthümer des Dorfes. Walther von Cobinstete wird 1199 als Zeuge in einer Ichtershäuser Urkunde genannt, Kunemund in einer Urkunde der Grafen von Orlamünda, welche dem Grafen Meinhard von Mühlberg ein Holz, der Tambuch genannt, verkauften [105]). Ulricus de Kouenstet, miles, vermachte dem Kloster Georgenthal im Jahre 1255 zwei Hufen zu Apfelstedt (s. Apfelstedt). Als Zeuge erscheint Ulricus de Cobenstete in einem Ichtershäuser Kaufbriefe vom Jahre 1257 [106]). Die Brüder Ulrich und Heinrich von Cobenstet verkauften ihre Güter in Matstete und Zottenstete, die sie vom Landgrafen Albrecht zu Lehen hatten, dem Propste Heidenreich und dem Kloster Heusdorf für 60 Mark Freiberger Silbers (1289, in crast. beate Marie Magdalene) [107]).

Landgraf Albrecht überließ im Jahre 1288 den Ertrag der Wegemiethe von Friemar und Cobinstete dem Kloster Johannisthal. Das Kloster Georgenthal gewann 1299 im Dorfe festen Fuß, indem Ritter Eberhard von Molschleben demselben die ersten 2 Hufen daselbst für 60 Pfund Erfurter Pfennige verkaufte (1299, III Non. Dec.); dann, von Gläubigern bedrängt, verkaufte derselbe mit Bewilligung seiner Gattin Agnes, seines Sohnes Kunemund und seines Bruders Heinrich an das Kloster noch 4 Hufen und

---

[105]) Rudolphi, G. D., 482. — [106]) Rein, Thur. S., I, 86. — [107]) Daselbst, II, 176.

6 Höfe für 120 Pfund Erfurter Pfennige (1300, Kal. Jan.) [198]. Gleich darauf verzichtet die genannte Agnes „frei und ungezwungen" auf ihre Rechte an den verkauften Gütern (1300, pridie Nonas Januarii) [199]. Als Zweifel wegen der Zinsen von den erworbenen Ländereien entstanden, erklärte Ritter Eberhard von Molschleben dem Abte Heinrich und Convente des Klosters Georgenthal, daß auch diese im Kaufe mit einbegriffen seien (1305, VI Kal. Junii) [200]. Endlich war Eberhard von Molschleben genöthigt, das ganze übrige Dorf dem Kloster für 240 Mark reinen Silbers zu verkaufen (1333, IV Kal. Aprilis) [201]. Diese Abtretung wurde mehrfach bestätigt. Sein Sohn Kunemund genehmigte den Verkauf und die Uebergabe des Dorfes vor dem Gerichte bei der Jacobskapelle zu Gotha (juxta capellam S. Jacobi) durch Heinrich Art, Richter der Markgräfin Elisabeth (1333, IV Kal. Apr.). Heinrich Art stellte über diese Verhandlung eine besondere Urkunde aus (1333, in vigilia annunciationis Virginis); ferner bestätigt die Abtretung Conrad Sneze, Vogt (advocatus) der Markgräfin Elisabeth (1334, in vigilia palmarum hora completoria, in cimeterio fratrum ordinis S. Augustini, d. i. auf dem Gottesacker der Augustiner in Gotha) [202]. Ferner stellten Heinrich, der Sohn Kunemund's, und Agnes, dessen Tochter, eine eigene Bestätigungsurkunde über den Verkauf aus (1335, VII Kal. Decembris) [203]. Endlich stellte noch Kunemund von Malsleybin eine Verzichturkunde aus (1347, am St. Bartholomäus-Tage) [204]. Ritter Kunemund von Molschleben, der Sohn Eberhard's, weist dem Kreuzkloster zu Gotha für die Aufnahme seiner drei Enkelinnen außer Anderem auch 1 Hufe in Cobstedt an (1326) [205].

---

[198]) Schwarzes Cop. f. 33, rothes f. 91 f. — [199]) Schwarzes Cop. f. 33, rothes f. 92ᵃ. — [200]) Schwarzes Cop. f. 33ᵇ, rothes f. 107ᵇ. — [201]) Original QQ, I d) 240. Schwarzes Cop. f. 33ᵇ, rothes f. 159. Brückner, II, 1, 23. — [202]) Original QQ, I d) 132. Schwarzes Cop. f. 34, rothes f. 155. Brückner, II, 1, 23. III, 4, 7. — [203]) Original QQ, I d) 141. Schwarzes Cop. f. 34, rothes f. 155. Brückner, II, 1, 23 nota. — [204]) Original QQ, I d) 199. Schwarzes Cop. f. 34ᵇ, rothes f. 197ᵇ. — [205]) Schw. Cop. f. 33. Sagittar, 124.

Aus dem Vorhergehenden ersieht man, daß schon im Jahre 1299 die Herren von Molschleben in Cobstedt festen Fuß hatten. Als später (1365) das Kreuzkloster zu Gotha 1 Hufe zu Cobstedt dem Ritter Theoderich von Molschleben wieder verkauft hatte, befahl der Abt Günther von Georgenthal dem Kreuzkloster, diesen Verkauf zu widerrufen (1365, III Kal. Martii) [206].

In Georgenthäler Urkunden erscheinen als Zeugen Hermannus de Kobenstete 1293 und Conradus de Kobenstet 1398. Ulricus de Kobenstete, Ritter, nebst seinen Söhnen Ulricus, Theodoricus, Rudolfus und Ludovicus testirt dem Kloster Georgenthal 60 Mark rein Silber im Jahre 1346, und Ulricus de Kobenstete, der Sohn des Ulricus, verkauft 1317 dem Kloster 1 Hufe in Dietendorf. Ulricus de Kobestete und sein Sohn Gerard vermachten demselben Kloster ½ Malter Kern 1371, und Gernod de Kobestete und seine Söhne Ulrich und Gernod übergeben ihm ½ Hufe zu Friemar [207]. Ulrich von Kobinstet und sein Sohn Ulrich verkaufen 7 Michaelishühner Zins mit dem Erblehn von 2 Ackern zu Ichtershausen dem Kloster zu Ichtershausen für ½ Schock Meißener Groschen (1407, Sonntag nach St. Johannistag) [208].

Vor der Reformation war hier eine Kapelle, die nach der Reformation erweitert und in eine Kirche umgewandelt worden ist. Wem dieselbe geweiht war, ist nicht bekannt. Im Jahre 1540 wurde von Andreas Wiegand der erste evangelische Gottesdienst abgehalten. Eine Orgel wurde 1720 gebaut. Der Klingelbeutel in der Kirche ist erst in neuerer Zeit (1850) abgeschafft worden.

Um die Kirche herum befanden sich Häuser, in welchen Priester wohnten; im Jahre 1525 wurden sie aber von den wüthenden Bauern niedergebrannt. Aus jener Zeit rührt noch der Pfaffenstieg her, das ist der Weg, auf welchem die Pfaffen nach Tüttleben zum Münchhofe gingen. Ueber der Kirche und dem Pfarr-

---

[206]) Original no. 61 im Rathsarchive. Sagittar, 142. — [207]) Brückner, II, 1, 22. — [208]) Rein, Thur. S., I, 150.

hofe befand sich ehedem auch ein Fischteich, der unter Hans von Cobstedt verwüstet wurde. Er wurde von der Gemeinde erkauft, im Jahre 1758 ausgemessen, in 19 Theile getrennt, mit 21½ Schock junger Erlenstämme besetzt und unter die Nachbarn vertheilt. Im Jahre 1773 wurde das erste Erlenholz geschlagen. Auf dem Kirchthurme hängen 2 Glocken, die größere ist 1669, die kleinere 1657 gegossen.

Zu Cobstedt gehört Grabsleben als Filial. 1694 wurde ein Pfarrhaus, das aber 1818 mit 1046 Rthlrn. 10 Gr. 10 Pf. umgebaut wurde, 1734 auf Kosten der Gemeinde eine Schulwohnung erbaut. Eine Industrieschule ward 1851, eine Fortbildungsschule 1856 eingerichtet. Im Jahre 1863 wurde eine neue Orgel für 500 Thaler angeschafft. Die Zusammenlegung der Grundstücke in Cobstedter Flur wurde 1865 vollendet.

Von Unglücksfällen, welche den Ort trafen, ist vor Allem zu nennen die Noth, welche der dreißigjährige Krieg brachte. Im Jahre 1640 waren von 44 Häusern noch 17 mit 10 Männern und 5 Wittfrauen vorhanden, von 20 Pferden waren 17 verloren gegangen, Rindvieh und Schafe gab's nicht mehr. Im Jahre 1644 überfielen die kaiserlichen Truppen das Dorf und plünderten es vollständig aus. Eine Feuersbrunst zerstörte am 24. April 1716 die Hälfte des Dorfes, und am 18. August 1768 zündete der Blitz in einer Scheuer, wodurch ein Brand entstand, der den Einwohnern einen Schaden von 10,020 Mfl. verursachte. Eine Collecte von Haus zu Haus für die Abgebrannten konnte nur wenig entschädigen [209].

Pfarrer seit der Reformation:

M. Andreas Wiegand —1563.

M. Johann Wachtel 1563, † 1587.

M. Johann Georg Callenberg 1587, † 1614.

M. Johann Marggraf 1613, † 1637.

---

[209] XX, II, 152 im H. u. St.

M. Philipp Jacob Gügler 1637, † 1639.

Johann Walther 1639, † 1671.

Anhard Löffler 1671, † 1689, vorher Pfarrsubstitut zu Trügleben.

Samuel Busleb 1689, † 1691, vorher Subconrector zu Gotha.

Johann Georg Pfefferkorn 1692, † 1707.

Andreas Busleb 1707, † 1730.

Johann Ernst Wenigk 1731—1734, kam nach Bischleben.

Johann Heinrich Lange 1734—1738, vorher zu Bienstedt, kam nach Döllstedt.

Jacob Sigmund Hartung 1738—1743, kam nach Burgtonna.

Johann Ludwig Wedel 1744, † 1744, vorher zu Groß-Rettbach.

Johann Adam Christian Weyda 1744, † 1747.

Johann Friedrich Meister 1747, † 1780, vorher Pfarrsubstitut zu Siegleben.

Heinrich Friedrich Jacobi 1780, † 1791, vorher Hofcollaborater zu Gotha.

Johann Kiel 1792—1806, vorher zu Thörey.

J. Gottlieb Zahn 1806, † 1814, vorher zu Elgersburg.

J. August Walter 1814, † 1856.

Johann Friedrich Karl Louis Schleip 1856, vorher Seminar-Inspector zu Gotha.

Pfarrbesoldung: 42 Rthlr. baar, 181 Rthlr. Grundstücksertrag, 43 Rthlr. Holz, 13 Rthlr. Früchte, 6 Rthlr. Accidenzien, 30 Rthlr. Wohnung.

Kirchenvermögen: 5195 Rthlr., wovon 1800 Rthlr. Grundstückswerth.

Seelenzahl 1816: 167; 1834: 168; 1843: 188; 1852: 202; 1861: 199; 1864: 207; 1867: 206; 1871: 219.

Craula[210],

Crowela, ein auf einer Höhe liegendes Dorf, 4 Stunden von Gotha, Eisenach und Mühlhausen, 2 St. von Langensalza, im Landrathsamte Waltershausen, zum Justizamte Wangenheim in Friedrichswerth gehörend, liegt umgeben von den Dörfern Wieglehen, Reichenbach, Oester-, Großen- und Wolfsbehringen, den Höfen Hütscherode und Heßwinkel und den Dörfern Bollroda, Berteroda, Berka, Bischofsroda, Weberstedt, Allerstedt, Zimmern und Grumbach. Der Name soll aus Grav und aula oder villa entstanden und ein Graf der Erbauer gewesen sein. Gegen Süden liegt der Schiefergrund, gegen Westen der Niebenberg und der Heinßenberg; der Grund am Fuße desselben heißt der Heinßengrund; ein daran stoßender Berg heißt der Schieferberg. Gegen Süden, ¼ Stunde vom Dorfe entfernt, zieht sich um dasselbe ein Gehölz, der Haynig genannt, von welchem etwa 270 Acker den Besitzern von 115 Häusern gehören und die nach den verschiedenen Plätzen das Schneethal, die dürre Gemein, die Kohlgrube und der Pfaffenrain heißen. Der Gemeinde gehören 3 Acker Nadelholz an der Buchwiese und 10 Acker gemischter Bestand am Allerstedter Wege; früher besaß die Gemeinde gemeinschaftlich mit dem Rittergute 20 Acker; nach Ankauf des Rittergutes ist dieser Complex getheilt und sind der Gemeinde 10 Acker zugewiesen worden. 60 bis 70 Acker Holz, sogen. Hausmaßen, sind Privateigenthum, und 79 Acker Rittergutsholz gehören der Corporation, welche das Rittergut gekauft hat[211]. Außerdem besitzt die Gemeinde an liegenden Gründen ein Wiesenfleck und noch 50 Acker Land, welche aber steinig und wenig ergiebig sind. Die ganze Dorfflur umfaßt überhaupt etwa 90 Hufen (zu 30 Acker gerechnet) Land. Die Wiesen sind fast alle einschürig und liefern gesundes süßes Heu.

Die Armen haben das Recht, an zwei Wochentagen in's Lese-

---

[210] Brückner, II, 8, 4. Galletti, III, 170. — [211] Landrathsamt Waltershausen, Craula, Gemeindesachen, Loc. 74, no. 7.

holz zu gehen. Das Klima ist wegen der hohen Lage des Ortes rauh und oft nebelig, weshalb die Ernte in der Regel 8 bis 14 Tage später als in den umliegenden Orten fällt. Nicht selten tritt auch Wassermangel ein, obschon viele Brunnen und Teiche im Dorfe vorhanden sind. Im Jahre 1754 mußte das Wasser aus anderen Orten herbeigeschafft werden. Am besten gedeihen Weizen, Hafer, Erbsen, Bohnen, Linsen, Wicken, weniger Roggen, Gerste und Flachs.

In den ältesten Zeiten gehörte das Dorf den Landgrafen von Thüringen. Landgraf Dietrich bestätigte im Jahre 1291 dem gothaischen Schultheißen (scultetus) Ritter Heinrich von Mila das ihm vom Landgrafen Albrecht verliehene Dorf Craula, und 1294 schenkte er die Craulaischen Güter mit allen Nutzungen und Rechten dem Marienstifte zu Eisenach. Um das Jahr 1347 lebte Conrad von Craula [112]. Wie und wann Craula an die Herren von Hopfgarten gekommen ist, läßt sich nicht nachweisen. Zu dem Hopfgarten'schen Rittergute gehörten 5 Hufen Land und ein Wohnhaus in der sogen. Schloßgasse oben im Dorfe, das Pacht- und Schafhaus, der Gasthof mitten im Dorfe, die Schenke nahe dabei und das Brauhaus. Schenke und Brauhaus gehörten ehedem der Kirche, wurden aber später von derselben verkauft. Auch besaßen die Herren von Hopfgarten das Patronatrecht über Kirche und Schule; dieses ist aber im Jahre 1859 mit dem Verkaufe des Rittergutes an die Gemeinde an die dortige Schäferei-Corporation übergegangen. Vorher, im Jahre 1848, hatte noch der Rittergutsbesitzer Ernst von Hopfgarten der Gemeinde große Opfer gebracht und ihr im April, ohne dafür eine Entschädigung zu verlangen, verwilligt: 1) Aufhebung der bedeutenden Naturalfrohnen; 2) Herabsetzung des Lehn- und Auflaßgeldes auf 5%; 3) Erlaß der Verbindlichkeit zur Entrichtung der Lehnwaare bei Vererbung von Grundstücken in auf- und absteigender Linie; 4) Erlaß der sogen. Siegel-

---

[112] Paullini Annales Isenacenses, 63 f. 79.

thaler bei Kauf- und Tauschverträgen; 5) Erlaß der von dürftigen Lehnleuten gewirkten Reste an Lehn- und Erbzinsgefällen. Außerdem überließ er der Gemeinde 20 Acker Laitenland zur Benutzung. Die obere und niedere Gerichtsbarkeit hatte der minderjährige Hans Ernst Karl Adolf von Hopfgarten am 2. December 1840 an das Haus Sachsen-Coburg-Gotha abgetreten [213]).

Die „Unserer Lieben Frauen" geweihte Kirche steht mitten im Dorfe und war anfänglich nur eine Kapelle, die erst im Jahre 1601 um 30 Fuß verlängert und höher gebaut wurde. Statt des vorherigen Positivs erhielt sie 1687 eine Orgel, die 1726 reparirt und vergrößert wurde. Ein besonderer Adelsstand ist auf dem Singchore angebracht worden. Neuerdings ist der Klingelbeutel in der Kirche (1856) und das Beichtgeld (1862) gegen Entschädigung abgeschafft worden.

Auf dem westlich von der Kirche stehenden Thurme hängen drei Glocken; an der großen stehen die Worte: „Schaffet, daß ihr selig werdet mit Furcht und Zittern. Phil. II, 12. 1741"; die mittlere hat die Jahrzahl 1712, die kleine 1604. Außerdem befindet sich auch eine Schlaguhr auf dem Thurme, auf deren Glocke die Jahrzahl 1602 steht.

Die Pfarrwohnung ist 1656 neu erbaut worden, 1717 wurde sie erweitert. Zur Pfarrei gehören 12 Acker Holz, die früher die Gemeinde besaß, und 5 Hufen Land ohne die Wiesen. Das Schulhaus, 1692 erbaut, wurde 1730 neu an das Wohnhaus angebaut. 1861 bis 1865 wurde eine neue Knabenschule und eine dritte Schulklasse hergerichtet. Zur Schule gehören 12 Acker Land und 5 Acker Holz.

Einer großen Wasserfluth, welche bis hinauf zum Haynig und Craula reichte, und durch welche viele Menschen um's Leben kamen, gedenkt der Chronist Rothe im Jahre 1370 [214]). Im dreißigjährigen Kriege hatten die Einwohner sich lange vor den streifenden

---

[213]) JJ, XIII, 8 im H. u. St. — [214]) Rothe's Chronicon, von Liliencron, Jena 1859, p. 617.

Kriegsparteien zu schützen gewußt. Theils das umgebende Gehölz, theils Schanzgräben und tüchtige Verhaue machten Craula zu einer kleinen Festung und verhinderten die Kriegsknechte, in das Dorf zu kommen, so daß sogar von anderen Orten, wie z. B. von Langensalza, Leute mit ihrer Habe daselbst Schutz suchten. Dennoch wurde es im Jahre 1639 durch Verrätherei überfallen, vollständig ausgeplündert und verbrannt. Durch eine Feuersbrunst im Jahre 1709 wurden alle Häuser und Nebengebäude in der Mühlgasse in Asche gelegt. Heftige Stürme sind häufig; der am 15. Februar 1833 in den Nachmittagsstunden wüthende war so heftig, daß man das Einfallen der Häuser befürchtete. Eine nicht weit vom Dorfe stehende Windmühle wurde mit zwei darin befindlichen Personen umgeworfen, doch kamen die Leute mit dem Leben davon.

Pfarrer seit der Reformation:

Volckmar Hübner 1566, † 1600.

Johannes Gnüge 1600—1612, kam nach Hörselgau.

Johannes Ehrenhauß 1613—1643.

(1643—1648 versahen die Pfarrer zu Oester- und Großenbehringen den Gottesdienst.)

Andreas Matthesius (Moß) 1648, † 1680.

Valentin Jung 1678, † 1680.

Heinrich Ernst Zinckernagel 1681—1686, kam nach Sättelstedt.

Matthias Hey 1686, † 1730.

Johann Tobias Hey 1730, † 1757.

Johann Nicolaus Rudolph 1757, † 1779.

Georg Laurentius Wenig 1779—1819.

Carl Spangenberg 1819—1841.

Ludwig Ernst Schneegaß 1841—1850, † 1863.

Wilhelm Ortleb 1854—1861, kam nach Pfullendorf.

Hermann Wachler 1861.

Pfarrbesoldung: 65 Rthlr. baar, 125 Rthlr. Früchte, 320 Rthlr. Grundstücksertrag, 32 Rthlr. Holz, 25 Rthlr. Accidenzien, 13 Rthlr. insgemein, 30 Rthlr. Wohnung.

Kirchenpatron: die Schäferei-Corporation zu Craula.

Kirchenvermögen: 3796 Rthlr., wovon 711 Rthlr. Grundstückswerth.

Seelenzahl 1700: 341; 1731: 480; 1758: 399; 1816: 365; 1834: 421; 1843: 484; 1852: 407; 1862: 450; 1869: 480; 1871: 453.

Crawinkel [215]),

Crewinkel, Gravincella, Grauwinckel, Krawinckil, Dorf, früher zum Amte Wachsenburg, dann zum Amte Ichtershausen, jetzt im Landrathsamte Ohrdruf zum Justizamte Ohrdruf gehörend, liegt bei Friedrichs-Anfang am Thüringer Walde, 1½ St. von Ohrdruf, 4 St. von Ilmenau, 3 St. von Arnstadt entfernt, umgeben von den Dörfern Frankenhain, Gossel und Wölfis. Der Name des Ortes ist ähnlich wie bei den in der Nähe liegenden Gräfenhain und Gräfenroda wohl abzuleiten von den Grafen von Kefernburg oder Gleichen, die dort Besitzungen hatten und eine Celle oder Kapelle erbauten. Ehedem hieß der Ort, wo Crawinkel liegt, „Schnepfenhört" [216]). In einer Urkunde des Landgrafen Friedrich von Thüringen vom Jahre 1360 wird Crawinkel eine „Stadt" genannt, und allerdings führt noch jetzt der freie Platz vor der Gemeindeschenke den Namen „Markt".

Der Ackerbau ist gering und beschwerlich, Wiesen und Trift für das Vieh sind aber gut. Im Walde und in der sogen. Aue, einem Buschholze zwischen Crawinkel und Ohrdruf, gibt es viele Arzneikräuter. Der Gemeinde gehören ca. 2000 Acker Artsland incl. der Grabeländerei, 200 Acker Grummets- und 400 Acker Jacobswiesen, 50 Acker Wiesen unter Friedrichs-Anfang und ein Stück Wald von 280 Acker; sie hat das Recht, Feuer- und Bauholz zu Reparaturen umsonst zu beanspruchen, muß aber das Holz zu neuen Bauten bezahlen. Drei Tage in der Woche (Montags,

---

[215]) Brückner, II, 11, 15. Galletti, III, 316. Ortschronik im Pfarrarchive. — [216]) Struvii politisches Archiv, II, 266.

Donnerstags und Sonnabends) haben die Bewohner das Recht, Leseholz zu sammeln. Der Umstand, daß die Hauptstraße von Magdeburg nach Nürnberg nicht mehr über Crawinkel, sondern jetzt über Stutzhaus geht, hat dem Orte sehr großen Nachtheil gebracht. Die hiesigen Pferdebesitzer verdienten viel durch Vorspanne bis in die Nähe des Beerberges, weshalb die dortige Stelle noch jetzt „die Crawinkler Ausspanne" genannt wird. Im Dorfe hat die Gemeinde ein Schenk-, Brau- und Backhaus, zu welchem die Weißbackgerechtigkeit gehört; auch haben die Einwohner das Marktrecht in Ohrdruf gleich den Ohrdrufern. Im Dorfe sind mehrere Springbrunnen mit vortrefflichem Wasser, welches aus Waldquellen hergeleitet worden ist. Ein fließendes Wasser, der „Bach" genannt, treibt eine Mahlmühle, die im Orte selbst liegt. Nach Westen zu liegen mehrere Karpfenteiche. Die Einwohner nähren sich vom Holzhauen, Kienrußbrennen und anderen Waldarbeiten, sowie vom Verfertigen von Mühlsteinen, theilweise auch vom Handel. Die Mühlsteine werden bis nach Bremen, Holland, sowie nach Amerika verschickt (s. Lütsche).

Unter den Gütern, welche der Graf von Kefernburg im Jahre 1290 an das Stift Hersfeld verpfändete, wird auch Crawinkel genannt. Heinrich dictus Crawinkel war 1349 Klosterprocurator und Syndicus des Klosters Georgenthal und wird auch in einer Ichtershäuser Urkunde vom Jahre 1333 genannt; Margarethe von Crawinkel war Küsterin (subcustrix) des heiligen Kreuzklosters zu Gotha (1384)[217].

Die ursprüngliche St. Marienkapelle, fast in der Mitte des Dorfes, wurde in den Jahren 1613 und 1614 zu einer Kirche umgebaut. Aber am 4. Mai 1624 vernichtete eine große Feuersbrunst fast das ganze Dorf, so daß in wenigen Stunden 113 Häuser und 116 Scheuern in Asche gelegt wurden; Kirche, Thurm, Pfarr- und Schulhaus, Schenk- und Malzhaus gingen in Rauch

---

[217] Sagittarii Hist. Goth., 59. Tentzelii Suppl., 211.

auf. Es standen nur noch 9 Häuser. Die Kirche wurde allmählich, unterstützt von den reicheren Bewohnern, wieder aufgebaut, auch der Thurm (1650), auf welchem 3 Glocken zum Geläute und eine Schlagglocke hängen; die größte ist 1744, die kleine 1792 gegossen worden; die mittlere sprang 1697 und wurde umgegossen. Ein neuer Kirchenbau begann 1754 und Herzog Friedrich III. verwilligte dazu der Gemeinde (17. Novbr. 1758) eine Collecte im Gothaischen durch Aussetzung der Becken vor den Kirchthüren. Der Anschlag, mit Ausschluß der Hand- und Pferdefrohnen, betrug 2102 Rthlr.[219]. Den Kalk zur Kirche und zum Thurme brach man am Waldwege; die Stelle, wo es geschah, heißt noch jetzt der "Kalkofen".

Zur Kirche in Crawinkel gehörten früher die beiden Filiale Oberhof und Frankenhain, später, in den Jahren 1714 und 1725, wurden sie davon getrennt und selbstständig. Friedrichs-Anfang, gewöhnlich "das Jägerhaus" genannt (mit 8 Häusern), ist aber noch jetzt in die Kirche eingepfarrt.

Die baufällige Pfarrwohnung wurde 1717 abgerissen und neu aufgebaut. Ein Cantor leitete die Knabenschule, ein Organist die Mädchenschule; die Stelle des letzteren wurde wegen der anwachsenden Kinderzahl 1666 geschaffen. Eine neue Cantorwohnung, deren Kosten 3098 Rthlr betrugen, ward am 23. März 1862 eingeweiht, eine neue Schule am 10. Januar 1869. Am 1. Februar 1870 wurde für die Elementarklasse eine Lehrerin angestellt, so daß also eine dritte Schule eingerichtet wurde. Ein neuer Friedhof ist 1854 hergerichtet, das Beichtgeld 1862, der Klingelbeutel in der Kirche 1869 abgeschafft worden.

Außer dem bereits erwähnten großen Brande am 4. Mai 1624 ward Crawinkel im dreißigjährigen Kriege schwer heimgesucht. Im Jahre 1640 gab es 52 bewohnte, aber 148 wüste Häuser und Hofstätten, nur 278 Acker konnten über Winter bestellt werden, 750

---

[19]) XX, II, 120 im H. u. St.

... lagen wüst. In der Kipper- und Wipperzeit wurde hier sogar eine Münzstätte errichtet²¹⁹).

Am 9. August 1859 zerstörte ein schreckliches Ungewitter mit Hagelschlag die ganze Flur; der Schaden ward auf 10,000 Rthlr. angeschlagen. Noch größeren Schaden (14,000 Rthlr.) verursachte ein Hagelwetter am 13. August 1863. Ein gräulicher Mord an einer ledigen Frauensperson (1868) brachte den Chirurgen Kühn von Ohrdruf nach zweimaliger Schwurgerichtsverhandlung zu Gotha und zu Eisenach am 18. Februar 1870 zu Tonna unter das Fallbeil.

Pfarrer seit der Reformation:

Thlemannus Pfeiffer 1545.

David Born 1562.

M. Andreas Gleichmann —1575, kam nach Wechmar.

Valentin Jordan 1597, † 1610.

Nicolaus Unbereit 1611, † 1625, vorher Schuldiener zu Thörey.

M. Salome Brand (Brandes) 1625—1626.

M. Martin Bock 1627—1631, kam nach Saberndorf.

M. Zacharias Günther 1631—1648, abgesetzt, vorher zu Gaberndorf.

Johann Keilholz 1648—1659, abgesetzt.

M. Johann Heinrich Fiedler 1659—1674, vorher zu Ernstroda, kam nach Mehlis.

Christian Valerian Wolff 1674, † 1711, vorher zu Haarhausen.

Johann Heinrich Happe 1710, † 1724.

Christoph Hähner 1725, † 1737, vorher zu Stutzhaus.

Johann Gottfried Möhliß 1736, † 1750.

Johann Adam Christoph Pressel 1751—1756, wurde Diaconus in Gotha.

Johann Andreas Michaelis 1756, † 1768.

Georg Friedrich Andreas Treiße 1768, † 1800.

---

¹¹⁹) A. Beck, Ernst der Fromme, I, 46.

Johann Christian Benjamin Möller 1801—1817, kam nach Molschleben.

Carl Christian Theodor Härter 1817—1865, † 1870 zu Georgenthal.

Als Pfarrvicare haben hier fungirt: Ernst Hermann Kerst (—1862), Alwin Noth (1863—1865), Dr. Kronfeld (1865), Wilhelm Werner Theodor Stetefeld (1865—1866), kam als Pfarrer nach Manebach; Ludwig Lüders (1866—1868), kam als Pfarrer nach Wandersleben; Heinrich Balduin Weidner (1868—1870), wurde Pfarrer in Fröttstedt; Oscar Hermann Ortlepp (1871), wurde 1873 Pfarrer.

Pfarrbesoldung: 40 Rthlr. baar, 205 Rthlr. Früchte, 120 Rthlr. Grundstücksertrag, 88 Rthlr. Holz, 151 Rthlr. Accidenzien, 30 Rthlr. Wohnung.

Kirchenvermögen: 2193 Rthlr., wovon 1325 Rthlr. Grundstückswerth.

Seelenzahl (mit Friedrichs-Anfang) 1780: 975; 1816: 839; 1834: 1084; 1843: 1192; 1852: 1220 (212 Häuser); 1858: 1258; 1869: 1370, 1871: 1337.

Cumbach [220].

Combach, Curmbach, kleines Dorf, ein halbes Stündchen von Ernstroda, dessen Filial es ist, soll anfangs ein Meyerhof gewesen sein, auf welchem 8 Personen lebten, daher — wie Brückner meint — der Name Cumbach (kaum acht!) entstanden sei. Das Dorf ist sumpfig und beinahe jedes Haus hat einen Schöpfbrunnen, das Wasser ist aber salpetrig. Ueber dem Dorfe liegt der Cumbacher Teich, welcher der herzoglichen Cammer gehört und gute Karpfen und Aale enthält; derselbe hat einen Umfang von 120 Ackern. Neben dem Dorfe nach Süden zu ist ein guter Trinkbrunnen. Die Einwohner nähren sich hauptsächlich vom

---

[220] Brückner, II, 11, 20. Galletti, III, 229.

Ackbaue und von der Viehzucht. Die Gemeinde erkaufte im Jahre 1604 von dem Espenfelder Vorwerke die um Cumbach liegenden Güter, Huth und Trift sammt Schäferei.

Cumbach wird schon in einer Urkunde Kaiser Heinrich's V. genannt (1111, VI Kal. Sept.)[221], in welcher derselbe dem Kloster Reinhardsbrunn mehrere Güter schenkt, und im Jahre 1114 (1. Mai) verkaufte Graf Ludwig der Jüngere mit Genehmigung seines Vaters Ludwig mehrere am Walde Loiba gelegene Güter und Besitzungen, unter ihnen auch Curmbach, an das Kloster Reinhardsbrunn für 40 Mark Silbers. Kaiser Heinrich bestätigte diesen Verkauf (1114, XVIII Kal. Oct.)[222]. In einer Reinhardsbrunner Urkunde von 1295 (Pridie Nonas Decembris)[223] erließ Landgraf Albrecht der Jüngere (gewöhnlich Apitz genannt) demselben Kloster den Schutzzoll in Cumbach und anderen Orten, welchen es auf „sein Schloß Tenneberg" zu entrichten hatte.

In den ältesten Zeiten war Cumbach gleichwie Ernstroda in die Johanniskirche bei Altenbergen eingepfarrt; als aber Ernstroda eine eigene Kirche bekam, ward es dahin gewiesen. Seit 1557 hat Cumbach eine eigene Kirche, die 1697 vergrößert wurde und von dem Pfarrer zu Ernstroda bedient wird. Auf dem Kirchthurme hängt eine Glocke, die 1679 gegossen ist, und ein Uhrwerk, welches die Stunden schlägt.

Von größeren Unglücksfällen, welche den Ort trafen, ist nur der Brand im Jahre 1725 zu bemerken, durch welchen 29 Wohnungen in Asche gelegt wurden.

Eine neue Schulwohnung wurde im Jahre 1653 gebaut, ein neues Schulhaus 1748. Ein Springbrunnen wurde 1787 angelegt. Das Beichtgeld ist 1862 abgeschafft worden.

In der ersten Hälfte des XVIII. Jahrhunderts lebte hier das sogen. Cumbachische Kind, ein riesiger Mensch, der durch seine übermäßig großen Schuhe Aufsehen erregte und von dessen un-

---

[221] Schultes, Directorium diplom., I, 229. — [222] Daselbst, I, 240. — [223] Möller, Reinhardsbrunn, 77.

glaublicher Freßgier im Volke viele Anekdoten umlaufen. Dieser Mensch hieß Valentin Hernaff und trat später unter Friedrich dem Großen in die Riesengrenadiergarde zu Potsdam [224]).

Kirchenvermögen: 533 Rthlr., davon 100 Rthlr. Grundstücks=werth.

Seelenzahl 1816: 135; 1834: 127; 1843: 156; 1852: 161; 1861: 151; 1867: 161; 1871: 171.

Deubach [225]).

Dasdaho, Dorf, eine kleine halbe Stunde von Schönau an der Hörsel, aus einzelnen zerstreut liegenden Häusern bestehend, welche ihre Besitzungen an Feldgrundstücken, Wiesen und Holz um sich herum liegen haben, liegt in einem anmuthigen Grunde und ge=hört zum Landrathsamte Waltershausen und zum Justizamte Thal. Die Länderei liegt meist an Bergen und ist sehr mittelmäßig, die Wiesen geben saueres Heu und Huth und Trift sind nicht beson=ders. Die Einwohner können daher aus dem Ackerbau und der Viehzucht allein ihren Unterhalt nicht gewinnen; Viele leben vom Taglohne oder Besenbinden. Die Besen werden von hier weithin ausgeführt. Durch den Ort fließt ein kleiner Bach, der aus ver=schiedenen Quellen zusammenrinnt und zwei Mühlen treibt, die Deubacher und die sogen. Eselsmühle. Gemeindegüter sind außer einem Hirtenhause nicht vorhanden.

Deubach ist ein sehr alter Ort und wird schon im Jahre 977 genannt. Kaiser Otto II. bestätigte in diesem Jahre (21. Mai) [226]) dem Kloster zu Fulda unter anderen Besitzungen das Eigenthum in Dasdaho.

Die Kirche mitten im Dorfe auf einer Anhöhe ist vor der Re=formation gebaut und dem heiligen Petrus geweiht. Sie war ehe=dem ein Wallfahrtsort; die zwei Marien= und viele stark vergol=

---

[224]) Bechstein, Der Sagenschatz und die Sagenkreise des Thüringerlandes. Hildburghausen 1836, II, 168. — [225]) Brückner, II, 10, 77. Galletti, III, 200. — [226]) Schannat, Dioecesis Fuldensis, 244.

der Heiligenbilder in derselben machen dieß wahrscheinlich. Im XVI. Jahrhunderte blieb die Kirche verlassen und die Einwohner von Deubach wurden in die Kirche zu Schönau eingepfarrt. Im Jahre 1642 reparirte man sie, aber sehr langsam; denn erst im Jahre 1663 wurden die Kanzel und Weiberstühle fertig, und zu Pfingsten 1663 wurde sie eingeweiht. Jetzt ist Deubach Filial von Schönau.

Auf dem Thurme, der 1740 erbaut ist, hängen 2 Glocken, von denen die größere 1661 gegossen, die kleinere aber sehr alt ist und die Umschrift hat:
Ave † Maria † Maria †
Die Schulkinder müssen in die Schule nach Schönau gehen.

An der Kirchthüre ist ein großes Hufeisen angenagelt und unter der Kanzel in der Kirche liegt ein eiserner Harnisch. Dieß soll ein Andenken daran sein, daß die Kirche in sehr alter Zeit den vierten Theil zu einem Ritterpferde beitragen mußte. Deshalb gehörten alle zwischen Deubach, Schwarzhausen, Schmerbach und Seebach liegenden Gehölze der Kirche. Als diese aber einstens in schwerer Noth und Kriegszeit diesen vierten Theil des Ritterpferdes nicht zahlen konnte und die Gerichtsherren die Zahlung übernahmen, brachten diese auch die Gehölze an sich. Die Nachricht hiervon soll in dem von Uetterodtischen Archive zu finden sein.

Mit der Gemeinde von Schönau gerieth die von Deubach in Streit wegen des Beitrags zum Schönauer Kirchbau und wegen der Schutt-Freihaltung des Pfarrviehes. Das fürstliche Consistorium zu Gotha gab hierauf (26. August 1690) den Bescheid, daß die Deubacher zum Schönauer Kirchbau Beiträge zu geben nicht gezwungen werden könnten; auch das im Klingelbeutel zu Deubach gesammelte Geld gehöre den Deubachern allein. Ebenso wenig seien sie verpflichtet, zum Schönauer Hirten-Schutt beizutragen, da sie das Pfarrvieh nach Verhältniß unter ihrem Hirten zu halten erbötig seien.

Deubach gehört zu den wenigen Orten des gothaischen Landes, welche von größeren Unglücksfällen verschont geblieben sind. Da die Häuser alle vereinzelt liegen, so kann eine Feuersbrunst niemals Ausdehnung gewinnen.

Pfarrbesoldung: 15 Rthlr. baar, 70 Rthlr. Früchte, 17 Rthlr. Grundstücksnutzung, 15 Rthlr. Accidenzien, 1 Rthlr. insgemein.

Kirchenvermögen: 2465 Rthlr., wovon 687 Rthlr. Grundstückswerth.

Seelenzahl 1816: 149; 1834: 176; 1843: 184; 1852: 185; 1858: 195; 1869: 217; 1871: 222.

Dietendorf [227],

Ditendorf, Diebendorph, Diebendorp, Dytendorf, zum Unterschiede von Neu-Dietendorf auch Alt-Dietendorf genannt, ist ein Dorf südöstlich von Gotha, an der Apfelstedt gelegen, zwischen den Ortschaften Sülzenbrück, Ichtershausen und Apfelstedt, ³/₄ Stunden von dem letzteren Orte entfernt. Das Dorf gehört jetzt zum Justizamte Ichtershausen im Landrathsamte Gotha und ist seit 1534 ein Filial von Apfelstedt. Seinen Namen erhielt das Dorf entweder von einem alten Götzen der Deutschen, Diet genannt, oder von Dietrich.

In alten Zeiten wohnten hier Herren von Dietendorf. Günther von Dietendorf verkaufte mit Genehmigung seiner Söhne Alexander, Heinrich und Günther 2½ Hufen in Hochstete an den Abt Werner II. des Petriklosters zu Erfurt für 8 Mark und 5 Talente (1147, Ind. X) [228]. Erwinus de Dietendorf erscheint als Zeuge in einer Urkunde des Sifridus de Orlamunda (1184) [229], ebenso Herwinus in einer Urkunde des Klosters Heusdorf (1192, assumptione Marie Virginis) [230] und wieder bei der Einweihung der Kirche zu Orlamünda im Jahre 1194 [231]. Heinricus de Dietendorph ist Zeuge 1289 (in crastino beate Marie Magdalene) [232].

---

[227] Brückner, II, 3, 53. Galletti, III, 318. — [228] Schultes, Dir. diplom., II, 73. — [229] Daselbst, II, 305. — [230] Rein, Thur. S., II, 119. Schultes, D. d., II, 552. — [231] Schultes, II, 363. — [232] Rein, Thur. S., II, 178.

Das Kloster Georgenthal faßte hier seit dem Jahre 1275 festen Fuß. Albert von Wechmar verkaufte nämlich mit Zustimmung seiner Gattin Kunegunde, seiner Söhne Ludwig, Albert (drei Brüder mit gleichem Namen), Heinrich und seiner Töchter Gertrud, Kunegunde und Hedwig dem Kloster 2 Hufen und einen Hof in Dietendorf für 30 Mark Silber (in plebiscito in Gammestete in presentia Wytelonis cooperatoris de Gotha ibidem praesidente. 1275)[233]. Vom Ritter Otto von Grussen (Greußen), mit Zustimmung seiner Gattin Bertradis und deren Kinder Otto und Jutta, tauschte das Kloster Georgenthal 6 Hufen mit Hof, Wiesen und Weidig in Dietendorf ein gegen 10 Hufen mit Wiesen, Weidig und Gehölz in Libergin (Seebergen?). Den Tausch genehmigen die Grafen Günther und Heinrich von Schwarzburg als Lehnsherren und Landgraf Albrecht bestätigt ihn (Erfurt, 1276, XV Kal. Jul.)[234]. Geschenkt erhielt der Abt Conrad und das Kloster vom Ritter Ulrich von Cobstedt 40 Mark probehaltigen Silbers, mit Zustimmung seiner Söhne Ulrich, Ludolf und Ludwig, als ein Seelengeräth für sich, seine verstorbene Gattin Gertrud und seine Nachkommen. Dazu wurden von ihm 4 Hufen von seinem Besitzthume in Dietendorf dem Kloster zur freien Benutzung überlassen, bis er selbst oder seine Söhne für 45 Mark probehaltigen Silbers diese Hufen vom Kloster einlösen könne (1316. in vigilia S. Martini)[235].

Ulrich von Cobstedt, Sohn des Ritters Ulrich, verkaufte, mit Zustimmung seiner Brüder Heinrich, Theodoricus, Ludwig und Lutelf, dem Abte Conrad und dem Convente zu Georgenthal eine Hufe in Dietendorf für 29 Pfund Arnstädter Pfennige (1317, Idus Sept.)[236]. Nach des Vaters Ulrich Tode verzichten die Söhne Theodoricus und Ludevicus vor dem Gerichte zu Apfelstedt auf das

---

[233] Brückner, III, 4, 18 nota. Schwarzes Cop. f. 35ᵇ, rothes f. 66. — [234] Schwarzes Cop. f. 35ᵇ, rothes f. 67ᵇ. — [235] Thur. S., 535. Schwarzes Cop. f. 35ᵇ, rothes f. 121. — [236] Brückner, II, 1, 22 nota. Thur. S., 535. Schwarzes Cop. f. 35ᵇ.

Einlösungsrecht jener 4 Hufen. Nachdem sie schon öftere Zahlungen empfangen hatten, erhielten sie vom Abte Otto noch 20 Mark reinen Silbers. Abt Heilmann, Vogt (advocatus) zu Gotha, stellt darüber eine Recognitions-Urkunde aus (1336, in crastino festi annunciationis b. Marie) [237]).

Einen Streit zwischen dem St. Katharinenkloster zu Eisenach und dem Kloster Georgenthal wegen 16 Schilling Pfennige Zins in Dietendorf entscheiden besondere Schiedsrichter dahin, daß Georgenthal an das Katharinenkloster 9 Pfund Pfennige bezahlt, womit sich die Aebtissin Agnes und die Priorin Agnes für befriedigt erklären (1391, am 8. Tage der heiligen „Pfirstundung") [238]).

Mit der Mühle zu Dietendorf wurde Frau Bertrade von Würzburg im Jahre 1402 vom Grafen Ernst zu Gleichen und Herrn zu Tonna beliehen [239]). In dieser Zeit besaßen die Herren von Wittern Güter in Dietendorf. Heinrich von Wittern wurde im Jahre 1407 mit dem adeligen Hofe daselbst beliehen. Im Jahre 1711 starb aber dieses Geschlecht aus, und das Ritter- und Lehngut, der Altenhof genannt, kam an die Prinzen und Prinzessinnen von Sachsen-Gotha und Altenburg. Von diesen oder vielmehr deren Bevollmächtigtem, Herrn von Bünau, kaufte es im Jahre 1734 der Graf Gustav Adolf von Gotter für die Summe von 16,000 Thaler [240]). Durch den Kauf erwarb der Graf auch das Patronatrecht in der Kirche, wozu später (1751) noch das in der Schule kam. Nach Gotter's Tode kam das Gut wieder in die Hände der herzoglichen Familie, bei welcher es noch jetzt ist.

Im Jahre 1848 bat die Gemeinde die herzogliche Landesregierung um Aufhebung der Patrimonialgerichte zu Neu-Dietendorf und Uebertragung der denselben zustehenden Gerichtsbarkeit an das herzogliche Justizamt zu Ichtershausen. Die Bitte ward bereitwillig genehmigt [241]).

---

[237]) Original QQ, I d) 146. Thur. S., 499. Schwarzes Copialb. f. 36, rothes f. 164. — [238]) Original QQ, I d) 317. Rothes Copialb. f. 326. — [239]) Sagittar, Gleichen, 332. — [240]) A. Beck, Graf von Gotter. Gotha 1867, S. 28. — [241]) Ministerialarchiv W, III b) 40.

www.ingramcontent.com/pod-product-compliance
Lightning Source LLC
Chambersburg PA
CBHW020857160426
43192CB00007B/968